SUSTAINABLE URBAN LANDSCAPES

monsa

SUSTAINABLE urBAN LANDSCAPES

monsa

SUSTAINABLE URBAN LANDSCAPES

Copyright © 2008 Instituto Monsa de Ediciones

Editor
Josep Maria Minguet

Diseño y maquetación / Design and layout
Santi Triviño
Equipo editorial Monsa

INSTITUTO MONSA DE EDICIONES, S.A.
Gravina 43
08930 Sant Adrià de Besòs
Barcelona
Tel. +34 93 381 00 50
Fax +34 93 381 00 93
monsa@monsa.com
www.monsa.com

ISBN 10 84-96823-36-9
ISBN 13 978-84-96823-36-5

INTRO

La ordenación del espacio público plantea numerosos desafíos. Su misma naturaleza, su carácter público y expuesto, ha hecho del urbanismo unos de los campos de la práctica arquitectónica más sujetos al debate y a la polémica. No se trata tan sólo de actuaciones destinadas a conseguir un equilibrio entre el hueco y el vacío en el tejido urbano; su carácter es eminentemente funcional. Toda intervención pública nace de la necesidad de ofrecer respuestas y soluciones a problemas y demandas concretos, respuestas y soluciones que se integrarán en un entorno que, la mayoría de las veces, está definido de antemano y que plantea limitaciones de varios tipos.

Las limitaciones a que se enfrentan las obras públicas, sin embargo, van más allá de las que afectan a tipologías comerciales o residenciales. Precisamente por tratarse de actuaciones de notable repercusión en la vida ciudadana, se hallan expuestas a un mayor control por parte del público y, por tanto, deben satisfacer criterios estéticos muy diversos, planteando la necesidad de redefinir el espacio público en cuanto espacio dinámico, habitable y sostenible.

En este libro se ofrece una muestra de algunos de los trabajos que, por su originalidad, ingenio y creatividad han sabido encontrar un método de diseño sostenible. Son proyectos en los que el interés por lo natural va de la mano con el diseño, proporcionando bellos espacios en los que poder vivir en armonía con el entorno.

The organization of public space raises many challenges. Its very nature of being on public display makes urbanism one of the fields of architecture that is most open to debate and controversy. Urban spaces should not only strive for a balance betweeen solid and void in the urban fabric, but they must also be highly functional. All architecture stems from the need to offer answers and solutions to specific problems and demands; these answer and solutions are then integrated into a generally pre-defined environment with various limitations.

However, the limitations of public projects go beyond those than affect commercial or residential design. Precisely because they have notable repercussions on civic life, they are subject to greater control by the public, and therefore have to satisfy very diverse aesthetic criteria; we are at time in which architects are considering the need to redefine public spaces in a more dynamic, inhabitable and sustainable manner.

This book offers a sample of some of the works that, through their originality. ingenuity and creativity, have found a method of sustainable design. In these designs an interest in nature goes hand in hand with the design, providing beautiful spaces for living in harmony with the environment.

INDEX

PLAZAS

SQUARES

PLACE ARISTIDE BRIAND

Valence, FRA

ARCHITECT: **AGENCE APS**

photo: Agence APS, Deval Photo

Mediante este proyecto, Agence APS ha querido rendir homenaje al importante papel de la zona en la fundación de la ciudad, así como a su carácter de espacio de transición entre el centro urbano y el paisaje fluvial.

With this project, Agence APS has decided to pay tribute to the area's major role in the founding of the city, as well as to its situation as a transition zone between the town center and the riverscape.

El centro de Valence, una pequeña ciudad universitaria del sudeste francés, está siendo rehabilitado a través de varios proyectos de los paisajistas locales Agence APS. La plaza Aristide Briand, sin ir más lejos, linda con otra intervención de la misma firma, el Champ de Mars, tres hectáreas urbanas que entablan un coherente diálogo con el nuevo proyecto.

A pesar de su céntrico emplazamiento, la plaza Briand está abierta al sol de poniente mediante el extenso Champ de Mars, a la vez que queda protegida del gélido mistral gracias a las líneas de edificios que la flanquean por los lados norte y este. La intervención de Agence APS se centró, primeramente, en la avenida que parte de la estación, pasa por la glorieta central del Champ de Mars y desemboca en los jardines que bordean el río Ródano. La rehabilitación de esta vía permitió reforzar la presencia de ambas construcciones y unir la plaza con el paisaje fluvial. En el espacio que queda delimitado por la avenida reconvertida y el Champ de Mars se distinguen dos zonas de diferente función: el aparcamiento y el palmeral. Esta doble vertiente de la plaza refleja la voluntad de, por un lado, ofrecer un lugar de reunión a los transeúntes y, por el otro, aliviar la escasez de plazas de aparcamiento común a todos los centros urbanos. Veintiséis palmeras procedentes de China dan sombra a los grupos dispersos de dos y tres bancos que se asientan sobre un pavimento de madera. En el centro de la plaza, un pequeño canal que evoca el patrimonio cultural de Valence refresca el ambiente.

The center of Valence, a small university town in south-east France, is being refurbished through various projects carried out by local landscapers, Agence APS. One of them, Aristide Briand Square, is right next to another project by the same firm, the Champ de Mars, seven acres that maintain a coherent dialog with the new project.

In spite of its central position, Aristide Briand Square is open to the sun in the west via the extensive Champ de Mars, while at the same time protected from the icy mistral by the lines of buildings flanking it on its northern and eastern sides.

The Agence APS operation was primarily centered on the avenue leading from the station, over the roundabout in the Champ de Mars and ending at the gardens on the banks of the River Rhône. The restoration of this avenue made it possible to reinforce the presence of both constructions and unite the square with the riverscape. In the area bounded by the refurbished avenue and the Champ de Mars there are two areas with distinct functions: the parking lot and the palm grove. This two-fold aspect of the square fulfils the aim of providing a meeting place for passers-by as well as alleviating the scarcity of parking spaces that is common in any city center. Twenty-six palm trees from China provide shade for the scattered groups of two and three benches that stand on timber paving. In the center of the square, a small channel that evokes Valence's cultural heritage refreshes the ambience.

En el centro de la plaza, un pequeño canal evoca el patrimonio cultural de Valence.

In the center of the square, a small channel evokes Valence's cultural heritage.

Perspectiva / Perspective

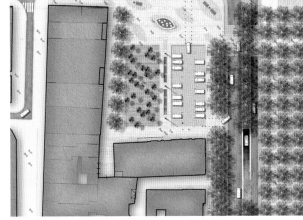

Planta / Ground Floor

Perspectiva / Perspective

Alzados / Elevations

FEDERATION SQUARE

Melbourne, AUS

ARCHITECT: **LAB ARCHITECTURE STUDIO**

photo: **Peter Clarke, Trevor Mein**

El diseño de Federation Square es un ensamblaje de edificios de instituciones dispares que mantienen una coherencia visual gracias a sus geométricas fachadas, prolegómenos de un espacio high-tech concebido como punto de encuentro.

The design of Federation Square is an ensemble of buildings housing various institutions which maintain visual coherence thanks to their geometric facades, the prelude to a high-tech space designed as a meeting place.

El centro de la ciudad de Melbourne aloja uno de los proyectos urbanísticos más importantes que se han consolidado en Australia en los últimos años. Federation Square es un conglomerado compuesto por una plaza pública de 7.500 m^2 rodeada de varios edificios, principalmente con fines culturales, como la National Gallery of Victoria Australian Art (NGVA) y el Australian Center for the Moving Image (ACMI). Debido a la topografía, la plaza tiene una marcada inclinación sobre el nivel de la calle. En la parte más alta, una pantalla gigante de vídeo preside un amplio espacio con aforo para 35.000 personas. El atrio es el único espacio público cubierto. Su estructura galvanizada es la evolución natural del diseño de las fachadas, pero desarrollado en un sistema multidimensional. El espacio cuenta con un sistema de enfriamiento pasivo, conocido como «laberinto», que en verano lo provee de aire a una temperatura hasta 12 grados inferior a la del exterior, como el aire acondicionado, pero con una décima parte de consumo de energía y menos emisiones de carbono. La coherencia visual de los edificios circundantes a la plaza responde a una concepción geométrica de las fachadas. Los tres materiales de revestimiento utilizados, piedra, vidrio y zinc (perforado y sólido), se montaron a modo de módulos sobre una cuadrícula de molinete. Este sistema fractal utiliza una única forma triangular, cuya proporción se mantiene en todas las baldosas. De esta manera, cada panel está compuesto por cinco baldosas, y cada megapanel está constituido por cinco paneles. Las variaciones en el patrón de la cuadrícula de la fachada han sido desarrolladas no sólo para cada edificio, sino para cada una de las diferentes orientaciones que se integran en el paisaje global, configurado como un gran caleidoscopio urbano.

The center of the city of Melbourne contains one of the most important urban projects to have been consolidated in Australia in recent years. Federation Square is a complex made up of a public square with an area of 80,000 sq ft surrounded by various buildings, housing mainly cultural resources such as the National Gallery of Victoria (NGVA) and the Australian Center for the Moving Image (ACMI).
Due to its topographic layout, the square slopes markedly above street level. At its highest part, a giant video screen looks down on a spacious area with room for 35,000 people. The atrium is the only public space that is covered. Its galvanized structure naturally evolves from the design of the facades, but developed in a multi-dimensional system. The space has a passive cooling system, known as the Labyrinth, which in summer provides it with a temperature up to 22º F lower than the outside, like conventional air conditioning, but using one tenth of the energy consumption and generating lower CO_2 emissions.
The visual coherence of the buildings surrounding the square is in keeping with the geometric design of the facades. The three cladding materials used, stone, glass and zinc (perforated and solid), were mounted as modules within a pinwheel grid. This fractal system uses a single triangular form, whose proportion is maintained in all the panels. Thus, each panel is made up of five triangles, and each megapanel is made up of five panels. The varying proportions of the grid patterns of the facade have been developed not only for each building, but also for the different orientations within the overall setting, structured like a vast urban kaleidoscope.

Plano de situación / Location map

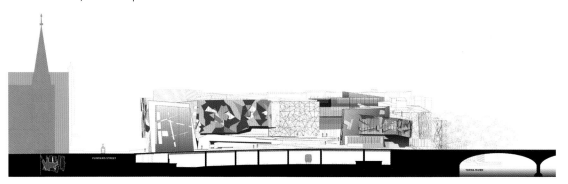

Sección / Section

Sección / Section

18

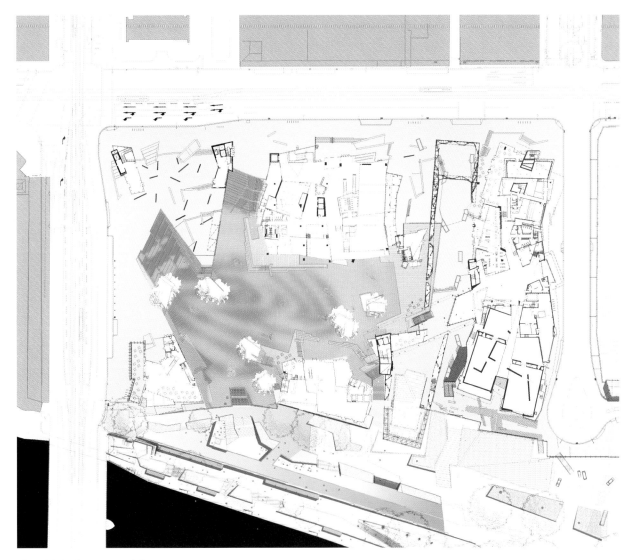

Planta inferior / Lower ground plan

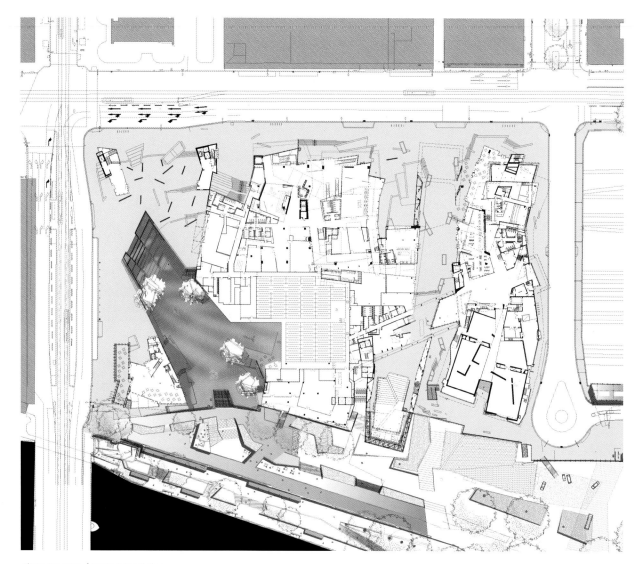

Planta Superior / Upper Ground Plan

ROYAL VICTORIA SQUARE

London, GBR

ARCHITECT: EDAW & PATEL TAYLOR ARCHITECTS

photo: Dixi Carrillo (EDAW), Peter Matthews

Donde antes había una explanada vacía y desoladora, hoy se descubre una gran plaza pública que, sin perder su identidad histórica, integra viejas y nuevas estructuras arquitectónicas y tecnológicas en una de las zonas más dinámicas de Londres.

What was once an empty, desolate waterfront is now a large public square which, while maintaining its historical identity, now integrates old and new architectural structures in one of the most dynamic areas of London.

Cuando las terminales de tráfico marítimo fueron trasladadas fuera de la ciudad, en la década de los setenta, los reales muelles se transformaron en escenarios fantasma: enormes explanadas de cemento, que habían servido de pavimento para viejos almacenes, atravesadas por un camino que conducía a ninguna parte. Poco a poco esa franja paralela al río ha comenzado a cambiar gracias a una serie de proyectos como la Royal Victoria Square, que la Agencia de Desarrollo de Londres encargó a Patel Taylor y al estudio de arquitectos del paisaje EDAW.

Su objetivo era facilitar el acceso al río, integrar el pie del nuevo puente peatonal sobre la dársena Victoria y establecer una transición natural al colindante edificio del East London Exhibition Centre (ExCeL), que ganaría un espacio de exposiciones al aire libre. Como el cliente consideraba fundamental mantener la identidad histórica del lugar, sigue albergando elementos anteriores a su remodelación: los edificios de los viejos almacenes, las grúas y el frente del río.

Los arquitectos transformaron lo que había sido un muelle angosto en una plaza central, que incorporó césped y dos largos voladizos de acero sobre los senderos laterales. En el lateral norte, una línea de fuentes danzantes al nivel del suelo perfila una ruta majestuosa hacia el ExCeL y brinda un juego interactivo a los niños en las estaciones más cálidas. Las grandes áreas en que se divide el terreno están delimitadas por los distintos materiales que conforman el pavimento, que a su vez se relacionan con el carácter histórico del lugar. Piedra natural, hormigón, granito y madera dibujan figuras geométricas que interactúan con los otros dos grandes espacios: una arboleda y un campo de varillas cinéticas que recuerdan los mástiles de los barcos que en otra época recalaban en el muelle.

After the sea terminals were moved down river in the 1970s, the Royal Docks became ghost areas: vast cement esplanades that had been the flooring of old warehouses, crossed by a thoroughfare leading nowhere. Gradually, this strip parallel to the river has begun to change thanks to a series of projects such as Royal Victoria Square, which the London Development Agency commissioned from Patel Taylor and the landscape architects EDAW.

It was designed to provide access to the river, integrate the end of the new footbridge over Victoria Docks and establish a natural transition to the adjoining East London Exhibition Center (ExCeL), which would now have an open-air exhibition space. As the client felt it was essential to keep the historical identity of the place, it still maintains elements that existed prior to the refurbishment: the old warehouses, cranes and waterfront.

The architects transformed what had been a finger wharf into a central square, which incorporated a grassed area and two long steel canopies along the sides. On the northern side, a line of ground-level kinetic fountains runs along a ceremonial route towards ExCeL and provides an interactive game for children in the summer.

The terrain is divided into large areas that are bordered by the various materials making up the paving, which in turn are linked to the history of the place. Natural stone, concrete, granite and timber trace geometric figures that interact with the other two large spaces: an area of trees and set of kinetic wands that evoke the masts of ships which in earlier times moored at the wharf.

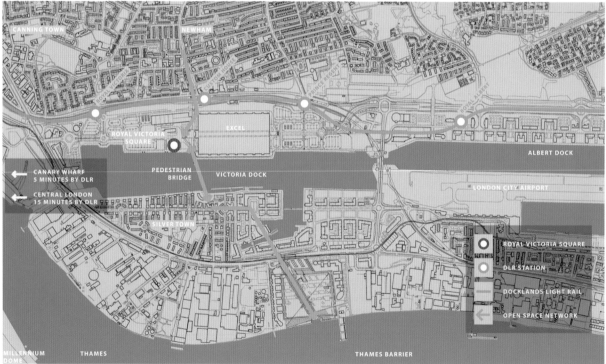

Plano de situación / Location map

El Royal Victoria es uno de los pocos nuevos parques de escala significativa que se construirán en Londres en este siglo.
Royal Victoria Square is one of the few new parks of any significance that is set to be built in this century.

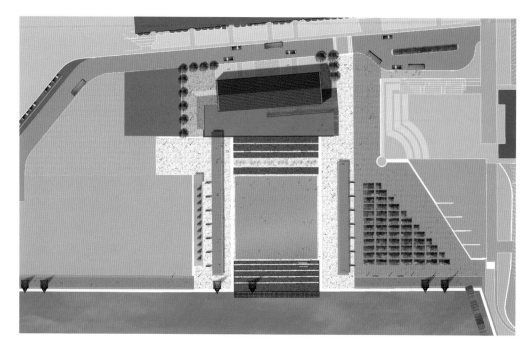

Render

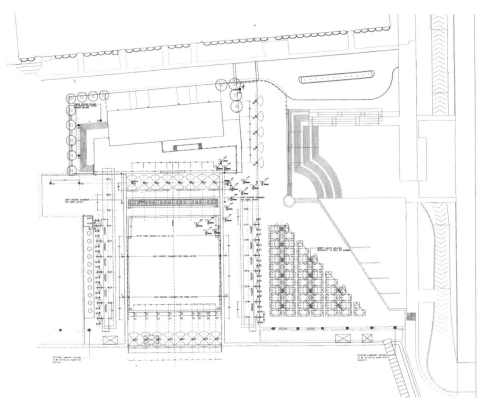

Planta / Ground plan

GRAND SQUARE

Melbourne, AUS

ARCHITECT: **RUSH/WRIGHT ASS., ASHTON RAGGAT McDOUGALL**

photo: **David Simmonds**

En la Grand Plaza de Melbourne conviven armónicamente el tráfico de automóviles y los peatones gracias a un astuto diseño gráfico en el suelo.

In the Grand Plaza in Melbourne, cars and pedestrians coexist in harmony thanks to clever graphic design on the ground.

Los antiguos docklands del centro de Melbourne han experimentado una transformación en que han dejado de ser un área industrializada para devenir en un próspero distrito urbano, rodeado de grandes estudios de cine, apartamentos residenciales, plazas, parques y espacios para el arte público.

En este emplazamiento, una franja que recorre la bahía de norte a sur conforma una explanada de dos kilómetros de largo, constituida por una serie de espacios públicos conectados. La Grand Plaza es el principal tramo urbano de la explanada, delimitado por unas líneas en el pavimento que lo recorren en dirección este-oeste y que recuerdan el orden espacial de las terminales de contenedores de mercancías. De esta manera se da unidad visual a un espacio que está atravesado por una calle, que queda así integrada mediante el diseño.

Los distintos colores en la gráfica del suelo generan ambientes definidos, al igual que el arbolado, que marca los usos del espacio. Palmeras, higueras y eucaliptos limoneros separan las áreas para paseos de las destinadas al tránsito de coches, a la vez que protegen de los fuertes vientos que suelen castigar la costa de Victoria.

El cuidado del medio ambiente está presente en el diseño de los bancos de madera y los desagües, concebidos para que el agua de la lluvia se almacene en las alcantarillas y riegue las zonas verdes. La Grand Plaza es también el sitio para la puesta en escena de significativas obras de arte público, incluido el Shoal Fly By de los artistas Bellemo y Cat. La escenografía nocturna ha sido cuidadosamente diseñada para crear una atmósfera especial. Las luces en el suelo individualizan los originales elementos del mobiliario urbano y dan protagonismo a la característica vegetación de la zona.

The old docklands in Melbourne have gone from being an industrialized area to becoming a prosperous urban district, surrounded by major film studios, residential apartment blocks, squares, parks and spaces for public art.

On this site, a strip running along the bay from north to south forms a three-mile esplanade, made up of a series of connected public spaces. Grand Plaza is the main urban section of the esplanade, demarcated by lines on the ground that cross it from east to west, evoking the spatial layout of container cargo terminals. This gives visual unity to a space that has a street running through it, which is thus integrated into the overall design.

The different colors in the graphics on the ground generate defined environments, as do the trees, which mark out the uses of the space. Palms, fig trees and lemon-scented gum trees separate the pedestrian areas from the traffic, while also acting as protection against the strong winds that tend to buffet the Victorian coast.

Concern for the environment can be seen in the design of the wooden benches and the drains, designed so that the rainwater is stored in the culverts for watering the green areas. Grand Plaza is also the site for the presentation of significant works of public art, such as Shoal Fly By, by the artists Bellemo and Cat.

The night-time setting has been carefully designed to create a special atmosphere. Lights on the ground pick out the original street furniture and emphasize the characteristic vegetation of the area.

Las líneas en el pavimento recuerdan las terminales de contenedores comunes en el área.
The lines on the ground evoke the container terminals that were common in this area.

Plano de situación / Location map

Perspectiva / Perspective

Una muy bien señalada vía para ciclistas corre a lo largo de la Grand Plaza en paralelo a la explanada de la bahía.

A well-signaled cycle lane runs along Grand Plaza parallel to the esplanade of the bay.

SQUARE IN MANUKAU

Manukau, NZL

ARCHITECT: **ISTHMUS GROUP**

photo: **Simon Devitt**

Los arquitectos de Isthmus Group han concebido una plaza que refleja la multiculturalidad de la tercera ciudad en tamaño de Nueva Zelanda, representando de manera abstracta el amplio abanico de grupos étnicos que han elegido vivir en esta localidad.

The Isthmus architects have designed a square that mirrors the multicultural nature of New Zealand's third most populous city, by providing an abstract representation of the broad spectrum of ethnic groups that have chosen to live there.

El centro de Manukau fue construido en la década de los setenta como parte de un plan de desarrollo urbanístico. Pero el dinamismo y la vitalidad que distinguieron a la cultura de esa ciudad en los años posteriores pronto lo convirtieron en un área obsoleta que los vecinos percibían como decadente. Cuando se puso en marcha el plan de revitalización, el desafío para Isthmus Group era lograr crear un espacio extrovertido que reflejase la ciudad y su multiculturalidad. El equipo de diseño entendió que la mejor manera de transmitir ese concepto era mediante la variedad de detalles.

Muchos materiales fueron entonces texturizados y moldeados para representar elementos típicos del Pacífico, como las baldosas de granito con grabados de hibiscos o las rutas de navegación insinuadas en la geometría del suelo de arcilla y roca volcánica. La tan buscada pluralidad se apoderó también de los materiales. Las plataformas se revistieron de madera y de granito Murasaki, con baldosas perfiladas en los bordes para desalentar el skateboarding. El césped, que se instaló sobre un colchón de arena, está atravesado por senderos diagonales que siguen el trazado del pavimento.

El sentido de identidad y pertenencia se reforzó en la vegetación incorporando ejemplares autóctonos y de gran resistencia como las drácenas, el árbol de hierro o árbol de Pascua de Nueva Zelanda, el ave del paraíso y el harakeke o lirio de espada, con el que se elaboran las tradicionales esterillas.

The center of Manukau was built in the 1970s as part of an urban development plan. But the dynamism and vitality that was a distinguishing feature of this city in subsequent years soon turned it into an outworn area that the inhabitants saw as declining. When the reconstruction plan was implemented, the challenge for the Isthmus Group was to create a sociable space that reflected the city and its multicultural nature. The team realized that the best way of transmitting this concept was through the variety of details.

Thus many of the materials were textured and shaped to represent typical features of the Pacific, such as the granite slabs with images of hibiscus engraved on them, and navigation routes hinted at in the layout of the clay and volcanic rock paving. The multicultural aspect is also plainly evident in the materials. The platforms were clad in timber and Murasaki granite, with streamlined slabs on the edges to discourage skateboarding. The turf, which was laid on a cushion of sand, is crossed by diagonal paths which follow the layout of the paving.

The sense of identity and belonging has been reinforced in the vegetation by incorporating hardy native species such as dracaenas, the ironwood tree or New Zealand Christmas tree, the bird of paradise and harakeke, or New Zealand flax, which is used to make traditional mats.

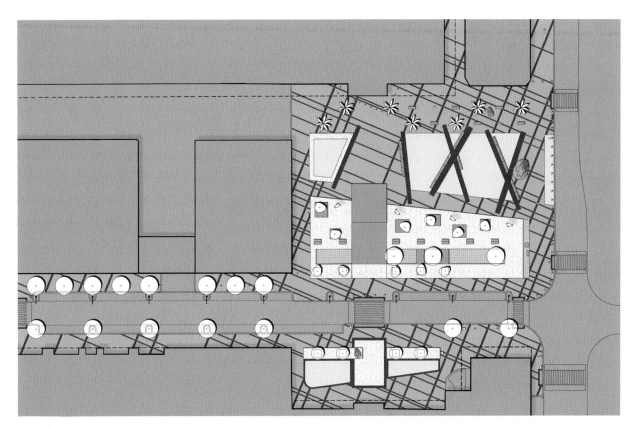

Planta / Ground plan

Alzado / Elevation

El pavimento texturizado representa elementos típicos del Pacífico. / The textured paving represents typical features of the Pacific.

ITÄMERENKATU 5

Helsinki, FIN

ARCHITECT: **HEMGÅRG LANDSCAPE DESIGN**

photo: Gretel Hemgård

Este jardín público, espacio de tránsito y de descanso, se ha concebido como un oasis de naturaleza en medio de un distrito en el que predominan las torres high-tech.

This public garden, which people can either walk through or relax in, has been designed as an oasis in the middle of a district in which the predominant feature is high-tech company buildings.

Situada en la nueva área urbana de Ruoholahti, la pequeña plaza que lleva la dirección Itämerenkatu 5 está inserta en un entorno visual de líneas y planos muy bien definidos. Predominan en el sitio los tonos grises y azules del acero, el cristal y el hormigón que dan forma a los edificios que la circundan. Vista desde arriba, la plaza se impone con la misma definición geométrica que el contexto, aunque en un desafiante contraste de color y texturas.

El espacio, de 3.300 m², constituye la parte superior de un aparcamiento subterráneo, al que se accede por una rampa extendida a lo largo de un lateral de la plaza. Los senderos pavimentados en pizarra y granito que atraviesan el césped indican el trecho más corto hacia la entrada principal, a la vez que señalan la jerarquía de ambos accesos. El brillo de la piedra contrasta con el color mate del Novostone (una mezcla de poliuretano y gravilla), usado para el área circundante destinada a los peatones. En el punto de cruce de las diagonales se ha sustituido sin traumas un sector de la hierba por una pieza metálica, que acentúa los afilados ángulos y ayuda a superar los desniveles del suelo.

Como vegetación se han elegido especies que requieren un bajo mantenimiento, especialmente el césped y las mimbreras, dadas las características de este barrio. Un arriate de arbustos hace de contrapunto a la pared transparente que enmarca la entrada al aparcamiento. Sobre el límite oriental de la plaza, unas pérgolas hacen de soporte para trepadoras y rosales, que con su follaje actúan de valla aislante del tráfico colindante.

Los bancos, pintados de brillante color amarillo y dispuestos de forma alternada sobre la línea zigzagueante, forman una serie rítmica de espacios para el descanso y la contemplación.

Situated in the new urban quarter of Ruoholahti, the little square at Itämerenkatu 5 is to be found embedded in surroundings with well-defined lines and planes. Here the predominant colors are the grays and blues of the steel, glass and concrete that shape the surrounding buildings. Seen from above, the square displays the same geometric definition as the context, albeit in a defiant contrast of color and textures.

The site, with an area of 35,500 sq ft, is on top of an underground car park, which is accessed by an extended ramp along one side of the square. The footpaths paved in slate and granite that cross the grass indicate the shortest way to the main entrance, while showing the hierarchy of the two access points. The gloss of the stone contrasts with the mat color of the Novostone (a mixture of polyurethane and gravel), used for the perimeter area for pedestrians. At the junctions of the diagonals, the grass has been replaced without a break with a section of metal, which accentuates the sharp angles and helps to overcome the difference in levels between the grass and the paving.

For the vegetation, low-maintenance species have been chosen, particularly grass and osiers, in view of the features of this quarter. A border of bushes acts as a counterpoint to the transparent wall framing the entrance to the car park. At the eastern end of the square, there are frames to support climbing plants and roses, whose leafage acts as a fence to insulate the square from the surrounding traffic.

Bright yellow benches, alternating along a zigzag line, form a rhythmic series of spaces for relaxation and meditation.

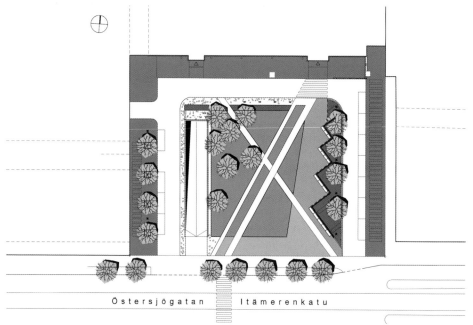

Östersjögatan   Itämerenkatu

Planta / Site plan

Los senderos están pavimentados en piedra y pizarra. La disposición de estos materiales forma dibujos que refuerzan el carácter geométrico de la plaza.

The paths are paved with stone and slate. These materials are laid out to form designs that reinforce the geometric features of the square.

URBAN LOUNGE

Saint Gallen, SWI

ARCHITECT: CARLOS MARTÍNEZ, PIPILOTTI RIST

photo: Hannes Thalmann, Marc Wetli

Al doblar cualquier esquina en el barrio Bleicheli/Raiffeisen -entre Vadianstrasse, Schreinerstrasse, Gartenstrasse y Kornhausstrasse- una resplandeciente alfombra roja realizada con goma granulada recuerda una suntuosa alfombra roja.

Turn any corner in the Bleicheli/Raiffeisen quarter, between Vadianstrasse, Schreinerstrasse, Gartenstrasse, and Kornhausstrasse, and you will be greeted with a blazing red carpet made of granulated rubber, calling up the image of a glitzy red carpet.

Esta sala urbana situada al aire libre fue diseñada para la ciudad de Saint Gallen, en Suiza, por Carlos Martínez y el renombrado artista suizo Pipilotti Rist.

Situada entre la estación y el antiguo centro de la ciudad, la esquina de Saint Gallen fue en su día un lugar muy frecuentado, con pubs y locales patrocinados por la cultura alternativa. El barrio se destruyó para construir el distrito financiero de esta ciudad provincial de Suiza. La plaza rompe con el típico concepto de espacio público y contiene mobiliario diverso, como asientos o zonas reclinables, una fuente, la escultura de un Porche y árboles gingko, a pesar de la intención del diseñador de no incluir demasiadas plantas. Elementos muy grandes, sin forma y luminosos, suspendidos de un cable de acero, proporcionan una luz panorámica. Estas esculturas ligeras bañan la sala de una luz inusual que se ajusta dependiendo de las estaciones del año.

This colorful open-air urban lounge was designed for the city of St. Gallen, Switzerland, by Carlos Martínez and the Swiss artist Pipilotti Rist.

Located between the station and the old city center, this corner of Saint Gallen was once dotted with pubs and venues patronized by the alternative culture. The quarter was leveled to build a financial district for this provincial Swiss town.

The square breaks with the common concept of a public space and contains various seating or reclining areas, a fountain, and a sculpture of a Porsche, as well as real Gingko trees, though the designers chose to keep planting to a minimum. Oversized, shapeless luminous elements suspended from steel cables provide scenic lighting. These light sculptures bathe the lounge in unusual lighting, customized according to the season and time of day.

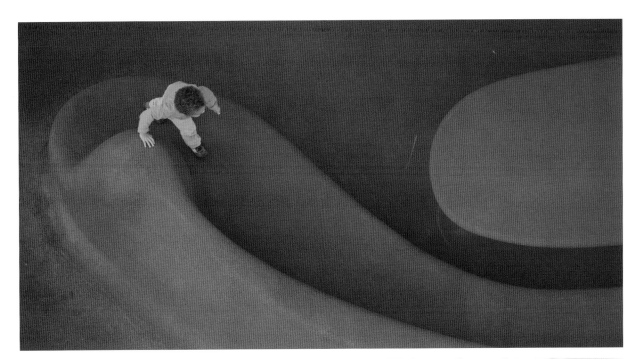

Lo que un día fue un lugar alternativo, popular y muy frecuentado es hoy el distrito financiero de Saint Gallen y una sala urbana.

.

Once a popular alternative-culture hangout, the corner is now St. Gallen's financial district and an urban lounge

Las ligeras esculturas de gran tamaño suspendidas iluminan la plaza según la estación del año y el momento del día.

The suspended oversized light sculptures illuminate the square according to the time of day and the season.

Aunque la vegetación debía ser mínima, la sala urbana incluye árboles ginkgo con hojas de tonalidades claras.

Though planting was kept to a minimum, the urban lounge features some Gingko trees with clear-colored foliage.

Sobre la alfombra se ha dispuesto mobiliario urbano, como unos asientos, una fuente y una escultura de un Porche.

Various pieces of furniture are interspersed throughout the space, including seating to lounge, a fountain, and a sculpture of a Porsche.

CONEXIÓN SOBRE LA GRAN VÍA

Sant Adrià de Besòs, ESP

ARCHITECT: SERGI GÒDIA & BERTA BARRIO URÍA

photo: Santi Triviño

La plaza presenta unas dimensiones de 30x60m.y estructuralmente se concibe como una construcción metálica ligera sobre la autopista, en contraposición con la imagen más habitual de elementos pesados y contundentes de hormigón.

The dimensions of the square are 30 x 60m., and structurally it was conceived as a light metallic structure over the highway, in opposition to the more common image of the heavy and solid concrete elements.

Esta plaza sobre la autopista C32 responde a la necesidad de resolver la histórica separación de dos partes de un barrio por la presencia de una vía rápida.

El proyecto nace de tres supuestos:

La conexión entre las dos partes del barrio no puede limitarse a un puente que resuelva solamente los problemas de accesibilidad. Se trata, por el contrario, de generar un espacio de encuentro y de estar, con la singularidad de que se sitúa encima de una autopista. Esta conexión-plaza constituye, por la ubicación, una "puerta de entrada" a la ciudad.

La "dureza" de la ubicación de este espacio, exige pensarlo en términos del máximo confort.

El gálibo a respetar en la C32 implica que la plaza esté elevada entre 3 y 4 metros respecto a las calles laterales. Por este motivo la opción del proyecto fue la de invadir y anular los taludes laterales de la autopista creando dos paseos que conectaran el puente existente en la calle de Extremadura con la plaza, al situarse los dos en rasantes muy similares.

Estos paseos laterales permiten por otra parte, concentrar toda la vegetación que se implanta en este tramo de la Gran Vía, como mejora en las condiciones de confort urbano. La plantación consiste en dos barreras muy densas de chopos, que en poco tiempo generarán dos pantallas vegetales que disminuirán el impacto visual y sonoro de la autopista en el entorno. A medio camino entre el puente de Extremadura y la plaza, se generan rampas peatonales que dan acceso a ésta y, en su extremo, dos escaleras acaban de configurar su accesibilidad.

This square over highway C32 meets the need to resolve the historic separation of two parts of a neighbourhood by the presence of a freeway.

The project is born from three premises:

The connection between both parts of the neighborhood cannot be limited to a bridge that only solves the accessibility issues. On the contrary, it is a matter of generating a meeting and living space with the uniqueness of being located over a highway.

This connection-square becomes, because of its location, an "entry way" to the city.

The "crudeness" of the location of this space, required that it is thought of in terms of maximum comfort.

The galibo that needs to be respected on the C32 highway implies that the square be elevated between 3 and 4 metres over the level of the lateral streets. For this reason, the option of the project was to invade and cancel the side porticos of the highway, creating two walkways that would connect the existing bridge in Extremadura street with the square, since both are situated in very similar grade lines.

These side walkways on the other hand, allow concentrating all the vegetation implanted in this in this stretch of the Gran Vía, as improvement for the condition of urban comfort. The plantation consists of two very thick poplars barriers, that in a short time will generate two vegetable screens that will reduce the visual and hearing impact of the highway in that environment.

Halfway between the Extremadura bridge and the square, pedestrian ramps are generated to provide access to the latter, and, at its edge, two stairways complete its accessibility.

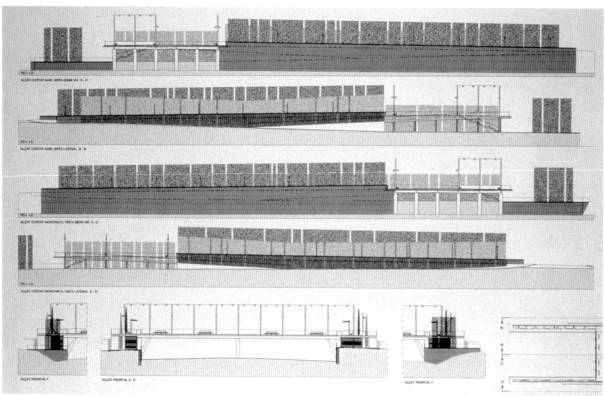

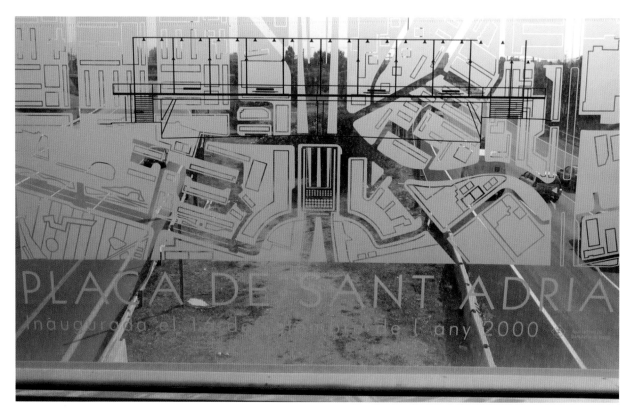

PLAÇA DE SANT ADRIÀ
Inaugurada el 16 de ... tembre de l'any 2000

El papel de "puerta" de entrada a la ciudad se configura como la disposición de 36 mástiles de acero de 8m de altura que soporta mediante un entramado de cables, una retícula de 80 puntos de luz situados a unos 14m sobre la rasante de la C32. Esta retícula genera por la noche la imagen de una alfombra de puntos de luz suspendida en el aire, que pretende marcar y situar este punto de acceso a Barcelona, por otra parte se pretende hacer referencia a aquellos aspectos más amables y festivos que irán asociados al futuro uso de la plaza. Por último, el carácter de puerta de entrada se refuerza potenciando la iluminación inferior de la estructura de la plaza y todo su esqueleto de pilares -puntales de hormigón- y el entramado metálico que la sustenta. El tratamiento superficial de la plaza responde principalmente a su concepción como espacio público destinado a alojar actos populares con gran afluencia de asistentes y la voluntad de confort que ha guiado todo el proyecto. En consecuencia, la plaza se ha concebido como un espacio "limpio" y con pocos accidentes. Una tercera parte del espacio está fragmentado por el bosque de mástiles mientras que dos terceras partes se encuentran vacías. Toda la superficie se pavimenta con caucho sintético de color rojo oscuro, que da a la plaza una cualidad táctil próxima a una moqueta y alejada de los pavimentos duros. Las barandillas de vidrio de la autopista se proyectan a una altura mayor de la normal (1.30m de altura) y de esta manera se reduce en parte el sonido generado por el tráfico. El rectángulo libre (sin mástiles) de la plaza presenta una retícula de 80 puntos de luz en el suelo (terminales de fibra óptica) que suponen una proyección desplazada de los 80 puntos de luz suspendidos.

The role of entry "way" into the city is configured as the disposition of 36 8m high steel poles supported by a framework of cables, a network of 80 points situated at approximately 14m over the grade line of the C32 highway. At night, this network generates the image of a rug of light points suspended in mid-air which tries to mark and locate the access point into Barcelona. On the other hand it tries to reference the most pleasant and festive aspects that will be associated to the future use of the square. Finally, the notion of entry way is reinforced highlighting the lower lighting of the square structure as well as its entire skeleton of pillars- concrete props- and the metal mesh that supports it. The superficial treatment of the square responds mostly the its conception as public space destined to house popular events with great affluence of attendees and the desire for comfort that has guided the entire project. As a result, the square is conceived as a "clean" space with few accidents. A third of the space is fragmented by the forest of poles, while the other two thirds remain empty. The entire surface is paved in dark red synthetic rubber which gives the square a tactile quality close to that of carpet and removed from that of hard pavement. The glass banisters of the highway are projected at a greater height than normal (1.30m high) and thus, the traffic noise is partially reduced. The square's free rectangle (without poles) presents a network of 80 light points on the ground (fiber-optic terminals) which represent a displaced projection of the suspended 80 points of light.

WATER CULTURE SQUARE

Chengdu, CHN

ARCHITECT: **TURENSCAPE**

photo: **Kongjian Yu, Yang Cao**

La ciudad de Dujiangyan se encuentra en Chengdu, en la provincia de Sichuan, en la llamada «Tierra de la Abundancia» de China. Dujiangyan recibió este nombre después de las famosas obras de regadío que se llevaron a cabo hace más de dos mil años.

The city of Dujiangyan is located in Chendu in Sichuan Province, China's so-called Land of Abundance. Dujiangyan was named after the famous ancient irrigation works built over 2,000 years ago.

La presa de Dujiangyan, ahora patrimonio mundial, permitía regar toda la cuenca. Las técnicas de regadío, todavía vigentes, incluyen un sistema que canaliza el agua mediante las «bocas de pez», es decir, mediante separadores triangulares hechos con bambú entrelazado y piedra.

En 1999 se llevó a cabo un concurso internacional para rediseñar la plaza de Dujiangyan, una plaza de 11 hectáreas situada en el centro del viejo, dilapidado y monótono paisaje de la ciudad. El diseño ganador se inspiró en el único paisaje natural y cultural de la región, así como en las obras de regadío y en los estilos de vida locales. El proyecto se llevó a cabo con un presupuesto menor de 40 dólares por metro cuadrado y cuenta viejas historias empleando un lenguaje moderno, expresa la identidad regional y local desde un punto de vista nuevo y cubre las necesidades diarias de los habitantes, a la vez que atrae a los turistas. Un dosel de oro colgado de unas poleas de bronce recuerdan las semillas en flor que se extienden por todo el paisaje agrícola. El agua también es festejada en este espacio urbano lleno de arte. Un anfiteatro y tres zonas de agua ubicados en un nivel inferior permiten que la gente disfrute del agua. Una superficie formada por pequeñas «bocas de pez» provoca ondas que cambian constantemente y rinde homenaje a las obras de regadío.

The Dujianyan Weir, now a World Heritage site, allowed the whole Chendu basin to be irrigated. The irrigation techniques, still in use today, included a system in which water was divided among different irrigation canals using so-called fish mouths, triangular dividers of woven bamboo and stones.

An international competition was held in 1999 to redesign Dujiangyan Square, a 4.5-acre (11-hectare) square located in the middle of the dilapidated and featureless cityscape. The winning design took inspiration from the region's unique natural and cultural landscapes as well as the irrigation works and local lifestyles. The resulting project was constructed on a budget of fewer than $40 (£21) per square yard (meter) and tells ancient stories in modern languages, expresses regional and local identity in a new approach, and accommodates the locals' daily needs as well as attracting tourists. A metal gold canopy hung on titled bronze poles recalls the rapeseed blossoms that stretch across the agricultural landscape. Water is also celebrated in this artful urban space. A sunken amphitheater and three sunken water spaces allow people to enjoy the water features and a surface of small fish mouths causes constantly changing ripples and pays homage to the irrigation works.

Viviendo en la «Tierra del Paraíso», el estilo de vida de la gente de Dujiangyan es muy relajado.
El sistema de regadío canaliza el agua mediante las «bocas de pez», es decir, mediante separadores triangulares de bambú y piedra.

Living in the Land of Heaven, the lifestyle of people in Dujiangyan City is known to be a leisurely one.
The irrigation system divides the water using so-called fish mouths, triangular dividers of bamboo and stone.

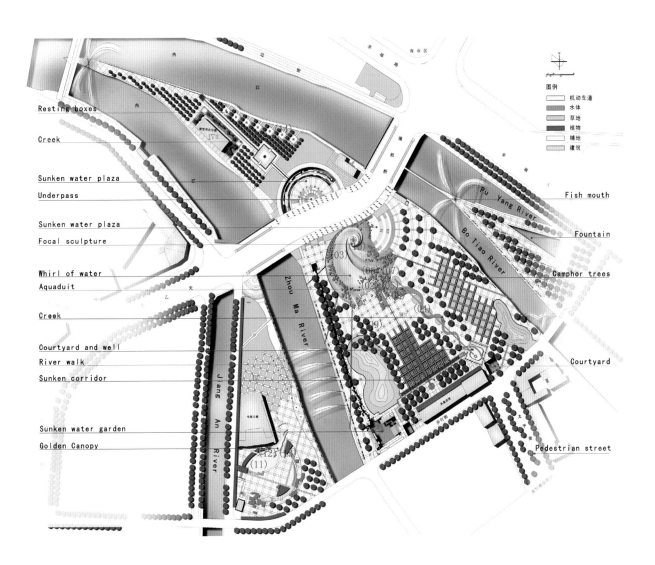

Resting boxes

Creek

Sunken water plaza

Underpass

Sunken water plaza

Focal sculpture

Whirl of water

Aquaduit

Creek

Courtyard and well

River walk

Sunken corridor

Sunken water garden

Golden Canopy

Pu Yang River

Bo Tiao River

Zhou Ma River

Jiang An River

Fish mouth

Fountain

Camphor trees

Courtyard

Pedestrian street

图例

机动车道
水体
草地
植物
铺地
建筑

La plaza es un homenaje al tesoro nacional de la región: la presa de Dujiangyan, que regaba toda la cuenca de Chengdu.

The square pays homage to the region's national treasure, the Dujiangyan Weir, which irrigated the Chendu Basin.

La escultura central de la plaza, de 30 m de altura y 3 m de ancho, realizada con granito, tiene en su base un remolino de agua.

The square's focal sculpture measures 98 feet high and 9 feet wide. It is made of granite with a swirl-shaped water feature at its base.

TOWN HALL

Toronto, CAN

ARCHITECT: JANET ROSENBERG & ASSOCIATES

photo: Janet Rosenberg & Associates

La plaza Town Hall es una zona peatonal y un espacio flexible situado en el corazón del barrio histórico de la ciudad.

Town Hall Square is a pedestrian plaza and flexible public space in the heart of the city's historic neighborhood.

Fundado en 1830, Yorkville, con sus casas victorianas y jardines pintorescos, fue el primer pueblo que se anexionó a la ciudad de Toronto en 1883. En los sesenta, este barrio de Toronto floreció y se convirtió en un centro cultural bohemio (dio cobijo a muchos talentos musicales) y era conocido como la capital canadiense del movimiento hippie. El aburguesamiento de los ochenta y los noventa es una de las razones por las que existen numerosos comercios caros en la actualidad. Hoy en día, Yorkville es conocido por sus tiendas y restaurantes exclusivos y por los celeb-spotting.

Se diseñó para contribuir a los espacios verdes de la ciudad de Toronto, así como para complementar la moderna arquitectura modernista de un emblemático edificio de treinta y seis pisos de altura.

El elegante y funcional parque de 2.600 m² responde a la historia del lugar y proporciona una entrada al aparcamiento de tres pisos sobre el que está construido. La geometría del parque unifica el lugar, y los refinados elementos despiertan interés. La variada vegetación juega con las escalas y dota de ritmo el lugar, llenándolo de vitalidad y textura. Esta sofisticada plaza está equipada con un sistema de riego automático; se registran las precipitaciones diarias y se ajustan los niveles de riego según sea necesario.

Se plantaron árboles gingko, por su gran capacidad para adaptarse a las duras condiciones urbanas.

Founded in 1830, the village of Yorkville, with its Victorian-style homes and picturesque gardens, was the first village to be annexed by the city of Toronto in 1883. In the 1960s, the Toronto neighborhood flourished as the city's bohemian cultural center (home to a number of musical talents) and was known as the Canadian capital of the hippie movement. Steady gentrification during the 1980s and 1990s explains the current mix of high-end retail stores. Today, Yorkville is known for its upscale shops, restaurants, and celebrity-spotting.

It was designed to contribute to Toronto's green spaces, as well as complement the modernist architecture of a new thirty-six story flagship condominium tower. The elegant and functional 0.66-acre (0.26-hectare) public park responds to the site's history and provides an entrance to the three-story parking garage upon which it is built. The park's strong geometry unifies the site while refined elements create interest. A rich palette of green plantings create a playful scale and rhythm and gives the space vibrancy and texture. The sophisticated square is equipped with a remote-controlled irrigation system which records daily rainfall and adjusts irrigation levels are accordingly.

The Gingko trees were chosen for their ability to adapt to harsh urban conditions.

La escultura de 7,60 m del artista canadiense Jean-Pierre Morin está construida con acero corten y aluminio, y atrae a numerosos visitantes. Canadian artist Jean-Pierre Morin's 25-foot (7.6 meter)-cortan and aluminum sculpture draws people into the park.

La variada vegetación incluye alegres bojs con forma esférica plantados en las jardineras de hormigón.

A palette of rich greens includes playful boxwood balls that fill the large precast concrete planters.

El elegante espacio público acoge eventos relacionados con la cercana biblioteca pública de Yorkville.

The elegant public space hosts a number of events associated with the nearby Yorkville Public Library.

PRAÇA DAS ÁGUAS

Campinas, BRA

ARCHITECT: **DAL PIAN ARQUITECTOS ASSOCIADOS**

photo: Dal Pian Arquitectos Associados

A finales del 2003, la Sociedad de Abastecimiento de Aguas de Campinas, en Brasil, decidió convocar un concurso público de proyectos para la recalificación arquitectónica de la primera reserva de agua potable de la ciudad.

At the end of 2003, the local water company in Campinas, Brazil, decided to organize a public competition for the architectonic reassessment of the principal drinking water reserve of the town.

El recinto se encuentra próximo al centro antiguo de la ciudad, un conjunto arquitectónico que data de finales del siglo XIX, que se encontraba en un estado de gran deterioro. El proyecto planteaba no sólo el diseño del espacio público de la plaza sino también la renovación del equipamiento municipal de los alrededores, como un centro cultural, una sala de cines y un centro médico. Esta propuesta, ganadora del concurso, establece para las áreas públicas una secuencia de espacios diversos que se suceden dentro de la explanada del antiguo recinto. El diseño plantea cuatro hileras de elementos urbanos que establecen un diálogo entre sí y al mismo tiempo cumplen funciones independientes, con el fin de potenciar el carácter público de la plaza. Estas cuatro hileras están compuestas por una franja de árboles que crean una zona de sombra, unos bancos de piedra resguardados del sol, una línea de fuentes y un espejo de agua que se extiende longitudinalmente por uno de los extremos de la plaza.

The precinct is found close to the old city center, an architectonic complex which dates back to the end of the nineteenth century, and which was in a serious state of deterioration. The project, as well as concerning the design of the public space in the square, also involved the renovation of local services, such as a cultural center, a cinema and medical center. This proposal, the winning idea, establishes a series of varied spaces for the public areas which are part of the esplanade of the old precinct. The design envisages four rows of urban elements, each with independent functions as well as working together in order to strengthen the public character of the square. These four rows are made up of a strip of trees, creating a shady area, stone benches sheltered from the sun, a row of fountains and a water feature which stretches lengthways at one end of the square.

Este proyecto no sólo ha permitido recuperar el antiguo recinto de la empresa de agua de la ciudad sino que ha servido de detonante para la renovación urbana del centro de Campinas.

This project, as well as restoring the old precinct of the town's water company, has also served as springboard for the urban renovation of the center of Campinas.

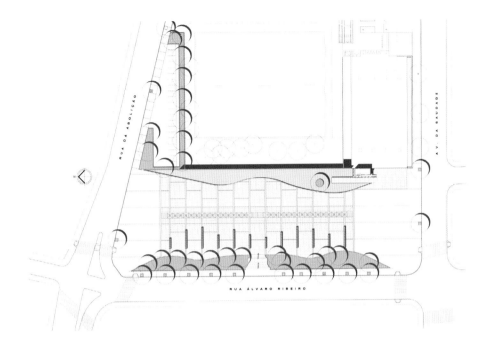

Plano / Plan

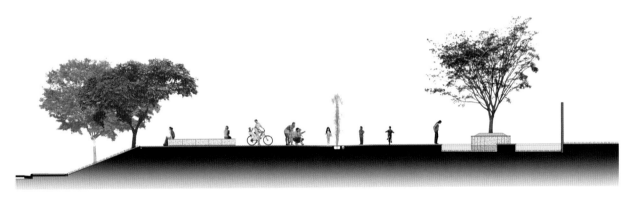

Sección / Section

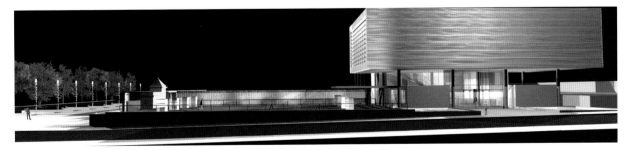

Render / Render

PROMENADE HECTOR HULOT

Paris, FRA

ARCHITECT: ATELIER CHRISTO-FOROUX

photo: Christo-Foroux

Desde este punto más alto, hacia la "Promenadee Plantée", diferentes terrazas escalonadas -con diversas especies arbóreas en cada una de ellas- permiten el descenso y conexión hacia el resto del tejido urbano de la ciudad, y el perfecto contacto a ras de suelo con el clásico edificio en L preexistente que acota el parque.

From the highest point, towards the "Promenadee Plantée", different staggered terraces -with different tree species in each one of them- allow the descent and connection with the rest of the urban fabric of the city, and the perfect contact at ground level with the classical pre-existing L-shaped building at park level.

Ubicado en pleno corazón de la capital francesa, el Parque Hector Malot se configura como un espacio verde de especial valor anexo a la "Promenadee Plantée", cuyo origen se encuentra en la cercana Plaza de la "Bastille".

El contacto con la Promenade destaca, sin embargo, por la presencia de una arquería que, con singular sutileza, el proyecto adopta como propia, permitiendo el paso tanto a través de ella como por encima de ella, adquiriendo la misma el carácter de un nuevo mirador.

Pero éste, más allá de su función de pulmón verde en plena avenida de Daumesnil, es un gran aparcamiento capaz de aliviar la densidad circulatoria y de vehículos estacionados en su entorno. No obstante, la escena urbana de la ciudad de París, al igual que en el resto de ciudades europeas, padece una contaminación acústica, visual y ambiental sin precedentes, fruto de una excesiva densidad automovilística del tráfico rodado privado.

En este sentido el aparcamiento del parque facilita, gracias a sus diferentes niveles -entre seis y siete plantas, según nos encontremos junto a la arquería o en la parte más baja, junto al edificio preexistente- el estacionamiento de cerca de 380 vehículos. Y es que, dividido en seminiveles, el aparcamiento subterráneo permite una sugerente adaptación topográfica al lugar, así como una perfecta asunción de las arquerías existentes.

Located in the very heart of the French capital, the Parque Hector Malot is configured as a green space of significant value because it is annexed to the "Promenadee Plantée", and the origin of which is close to the Place de la "Bastille".

The contact with the Promenade, however, is highlighted by the presence of an arcade that with unique subtleness, the project has adopted as its own, allowing both the passage through it or over it, so that it acquires the value of a new balcony.

But, beyond its role of green lung right in Avenue Daumesnil, it is a great parking garage capable of alleviating the traffic density and of parked vehicles in its surrounding areas. However, the urban scene of Paris city, as in the rest of the European cities, suffers unprecedented acoustic, visual and environmental contamination, as a result of excessive motor vehicle density from private automobile traffic.

In this sense, the park's parking garage allows, thanks to its different levels, -between six and seven ground plans, depending on whether we are next to the arcade or in the lower part, next to the pre-existing building- the parking garage, with a capacity for close to 380 vehicles. Because it is divided in half levels, the underground parking allows a suggestive topographic adaptation to the place, as well as a perfect assumption of the existing arcades.

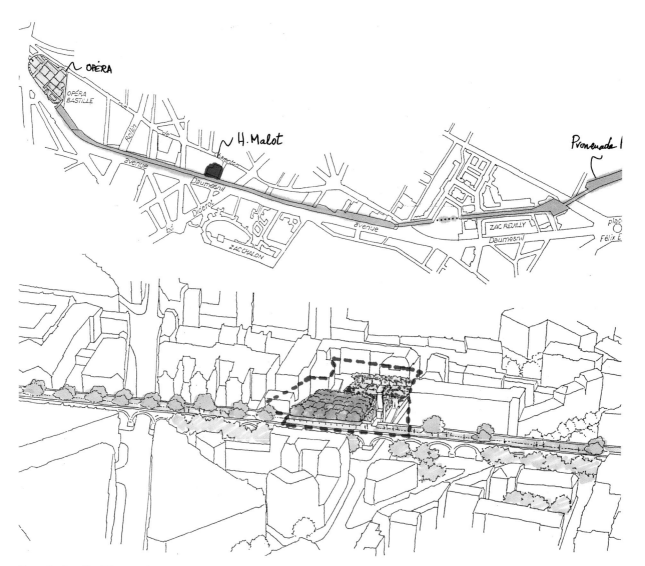

Plano de situación / Sitemap plan

Sección del aparvamiento / Car Park Section

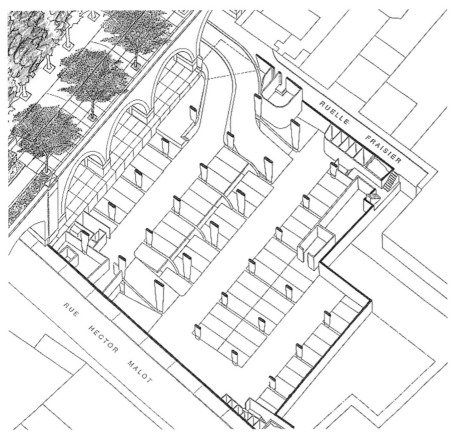

Esquema constructivo del aparcamiento / Construction sketch of the parking garage

PIAZZA VITTORIO VENETO

Galliate, ITA

ARCHITECT: **STUDIO LAZZARETTO**

photo: **Pietro Carrieri**

Las obras de rehabilitación refuerzan el carácter de espacio amplio, abierto y unitario de un sistema de explanadas adyacentes comprendidas entre el límite urbano y un castillo sforzesco.

Restoration works reinforce the idea of expanse, openness and unity in a system of adjoining esplanades between the edge of the town and a Sforzesco castle.

La plaza Vittorio Veneto está situada en un terraggio, antiguo nombre con el que aún hoy se identifica este tipo de amplio espacio abierto, construido según las antiguas regulaciones romanas para los sistemas urbanos. Esta particularidad exigía preservar la identidad del sitio, condición que fue naturalmente asumida desde el primer momento por los arquitectos responsables de la rehabilitación. Para el pavimento se vertió cemento fundido in situ con árido extraído del lecho del río Ticino, respetando la irregularidad de los márgenes. A las juntas de dilatación se les dio un diseño desigual, imitando el resquebrajamiento natural del cemento en analogía con la antigua pavimentación de tierra compactada y mezclada con grava.

Un edificio compuesto de dos cuerpos con bóvedas da acceso al aparcamiento subterráneo y a un bar completamente vidriado que mira hacia el castillo. La estructura contrasta con el entorno no sólo por su forma compacta y lineal sino también por los revestimientos, como el cobre y los mosaicos que cubren una de las paredes que, a su vez, está continuamente bañada por un velo de agua.

Para conservar la unidad del espacio, pocos elementos más se agregaron. Un paseo de granito blanco bordea el pavimento frente a la fosa del castillo, y una arboleda de sóforas, o acacias de Japón, produce un portal de sombra en el acceso a la plaza a través del pasaje del Scurolo. Un aislado árbol de paulonia (Paulownia tomentosa) cierra la intersección con la plaza de los Mártires.

Como complemento a la existente iluminación de farolas se añadieron unas lámparas a ras de suelo a modo de malla irregular, que por la noche generan un sugestivo ambiente y de día sirven para indicar la ubicación del mercado semanal.

Vittorio Veneto Square is located in a terraggio, an old word for this type of wide open space, built in keeping with the old Roman regulations for urban structures. This characteristic meant that the identity of the site had to be preserved, a condition which was naturally accepted from the outset by the architects in charge of the restoration.

For the paving surface, cement mixed on site with aggregate from the bed of the River Ticino was poured, following the irregular pattern of the edges. An original design was given to the expansion joints, imitating natural cracks in the cement, as an analogy with the old paving of compacted earth mixed with gravel.

A building comprising two sections with vaulted roofs houses the entrance to the underground car park and a fully glass-walled bar that looks onto the castle. This structure contrasts with the surroundings not only for its compact, linear shape, but also for its claddings, such as copper and the mosaics covering one of the walls which is also continually bathed by a curtain of water.

To maintain the unity of the space, very few further elements were added. A white granite walkway skirts the paving alongside the castle moat, and a collection of sophoras, or Japanese acacias, provides a shady gateway at the entrance to the square from the Scurolo alleyway. A single paulownia tree (Paulownia tomentosa) closes off the intersection with the Martyrs' Square.

To complement the street lamps, further lighting was installed at ground level in an irregular network, and at night this provides an evocative atmosphere, while during the day, the lights indicate the placement of the weekly market.

El pórfido y el granito han sido los dos materiales básicos seleccionados para dar unidad a la plaza.

Porphyry and granite were the two main materials selected to give the square unity.

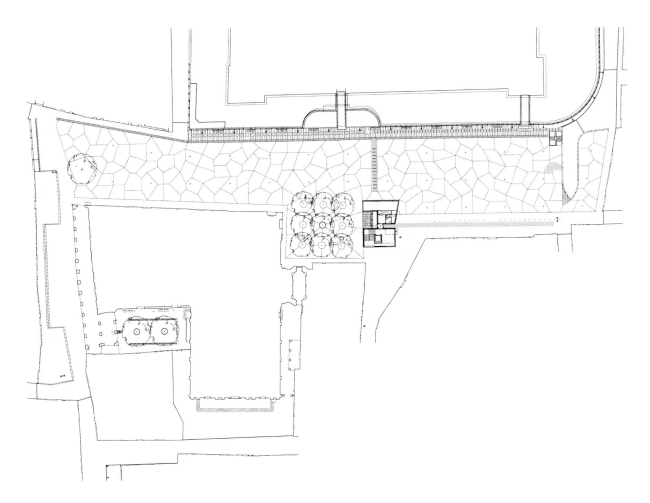

Plano de situación / Site plan

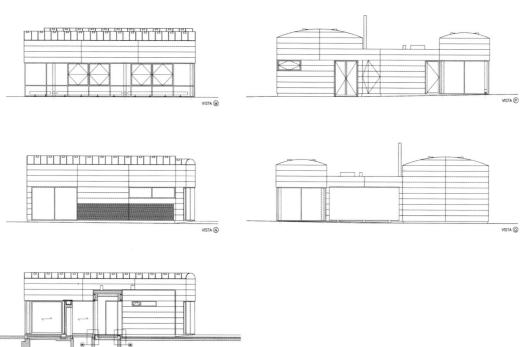

VISTA Ⓜ

VISTA Ⓟ

VISTA Ⓝ

VISTA Ⓠ

Secciones / sections

SEZIONE D-D

Los nuevos volúmenes con techo abovedado dan paso al aparcamiento y a un bar / The new structures with vaulted roofs provide access to the car park and a bar.

EQUIPAMIENTO

EQUIPMENT

PARKING LOT STRUCTURES

Oslo, NOR

ARCHITECT: **JAN OLAV JENSEN & BØRRE SKOVDIN**

photo: Jan Olav Jensen & Børre Skovdin

La variedad, singularidad y precisión en el diseño de los veinte elementos o edificios urbanos que conforman esta intervención urbana es motivo suficiente que justifica su reconocimiento y difusión internacional.

The variety, originality and precision of the design of the twenty elements or urban buildings that conform this urban intervention, are reason enough to justify their acknowledgement and international diffusion.

Fácilmente agrupables en tres categorías: edificios de servicio (2), marquesinas (3) y paradas de autobús (15), computando un total de 12 versiones diferentes, deseamos llamar la atención, no obstante, hacia el tratamiento de la cubrición del aparcamiento.

Previsto para el estacionamiento de unos 6000 vehículos, vinculados al uso de la nueva terminal del aeropuerto de Oslo, las marquesinas congenian funcionalidad y calidad constructiva con una sutil imagen formal.

Estas marquesinas singularizan, por otro lado, los puntos de acceso al aparcamiento, a la vez que protegen las taquillas de pago y los sistemas de seguridad de la lluvia y la nieve.

Cada una de las piezas está construida con secciones de 120 x 120 mm de pino laminado, si bien sus curvaturas y modo de entretejerse les facilitan la estabilidad necesaria. Similares secciones laminares, algo más delgadas, soportan el revestimiento de vidrio. En el caso de los edificios de servicio y las paradas de autobús -ambos, asimismo, vinculados a los servicios propios del aeropuerto- una cornisa de vidrio translúcido blanco les sirve como elemento significativo. En la oscuridad de la noche, los 17 edificios se convierten en largas luminarias capaces de mostrar al visitante la ubicación del aparcamiento y de las paradas de autobús. En este caso la construcción de acero está diseñada para dejar la banda de vidrio lo más ancha posible, un espacio en el que serigrafiar los textos y ubicar la iluminación, eliminado incluso la perfilería vertical.

They are easily grouped into three categories: Service buildings (2), marquees (3) and bus stops (15), counting a total of 12 different versions. However, we would like to highlight the treatment on the parking garage covering.

It is equipped to park approximately 6000 vehicles, in connection with the use of the new terminal of Oslo Airport, while the marquees provide construction functionality and quality while providing a subtle formal image.

On the other hand, these marquees provide individuality to the access points of the parking garage, while protecting the pay booths and the security systems from rain and snow.

Each of these pieces is constructed with 120 x 120 mm sections of laminated pine, although the curvatures and the way they are intertwined provides them with the necessary stability. Similar but thinner laminate sections support the glass coverings. In the case of the service buildings and bus stops - both, similarly bound to the actual airport services- a white translucent glass does the part of significant element. In the dark of the night, the 17 buildings become long lights capable of showing the visitor the location of the parking garage and the bus stops. In this case, the steel construction is designed to leave the glass strip as wide as possible, a space in which to serigraph texts and locate the lighting, even eliminating the vertical profile.

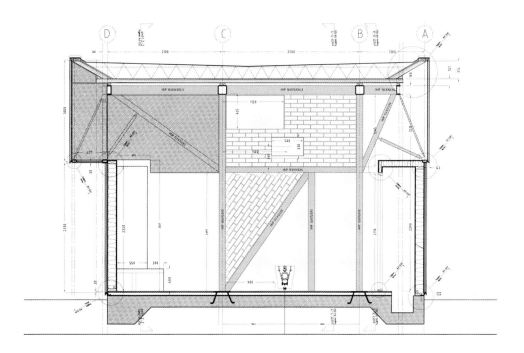

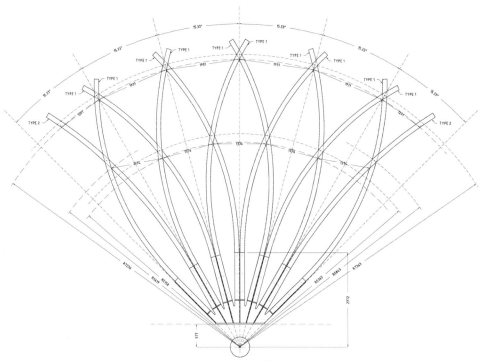

PARKING EN MURCIA

Murcia, ESP

ARCHITECT: **ARQUITECTURAS TORRES NADAL**

photo: David Frutos

Torres Nadal ha ofrecido a los murcianos un espacio de interrelación con el río Segura que les permite disfrutar del paisaje natural en un emplazamiento puramente urbano.

Torres Nadal has given the people of Murcia a space to interrelate with the River Segura which affords them the chance to enjoy the natural landscape within a purely urban setting.

Murcia es una ciudad mediana situada en el sudeste de España, una zona que está viviendo en su propia piel la creciente desertización de la península Ibérica. A pesar de que el río Segura atraviesa la ciudad, hasta el momento no había ningún espacio público de dimensiones importantes que invitase a los murcianos a conocer más a fondo su paisaje fluvial y aliviar así el peso de las largas sequías. El arquitecto Torres Nadal decidió dotar a la ciudad de ese espacio ampliando su proyecto inicial de urbanizar la cubierta de un aparcamiento subterráneo para crear un lugar de relación entre los ciudadanos y el río.

El proyecto partió de la premisa de proporcionar luz y ventilación natural al aparcamiento, lo que permitía cumplir con los criterios de sostenibilidad exigidos. Este objetivo se consiguió practicando unas grandes aberturas en la cubierta que facilitan la comunicación entre los dos niveles, con lo que tanto el aparcamiento como el parque salen beneficiados. Todos los elementos metálicos –barandillas, puertas, escaleras y señalización– son de acero galvanizado, lo que no sólo garantiza su durabilidad, sino que además refuerza el vínculo visual entre las dos plantas.

El carácter fronterizo de este aparcamiento, ubicado entre el límite de la ciudad y la ribera fluvial, derivó en la creación de un espacio ambivalente, urbano y natural a la vez, en el que las actividades propias de una plaza de cualquier población –mercados, exposiciones, etc.– se desarrollan en un espléndido marco paisajístico presidido por el río Segura.

Murcia is a mid-sized city in south-eastern Spain, an area which is experiencing first-hand the growing desertization of the Iberian peninsula. Although the River Segura runs through the city, there had hitherto been no public space of any significant size to enable the people of Murcia to discover their river landscape and thus lighten the burden of the long droughts. Torres Nadal, the architect, decided to give the city such a space by expanding his original project to develop the roofing of an underground car park in order to create a area where the citizens could come into contact with their river.

The project was based on the principle of providing natural light and ventilation to the car park, which met the sustainability criteria required. This objective was achieved by making large openings in the roof which provided communication between the two levels, thus benefiting the parking area as well as the park. All the metal elements - handrails, doors, stairways and signs - are in galvanized steel, which not only ensures durability but also reinforces the visual link between the two levels.

The outlying nature of this car park, situated as it is between the edge of the city and the river bank, gave rise to a dual-purpose space, simultaneously urban and natural, in which the typical activities of a square in any town or city - markets, exhibitions, etc. - are held in a splendid natural setting under the watchful eye of the River Segura.

Plano de situación / Location map

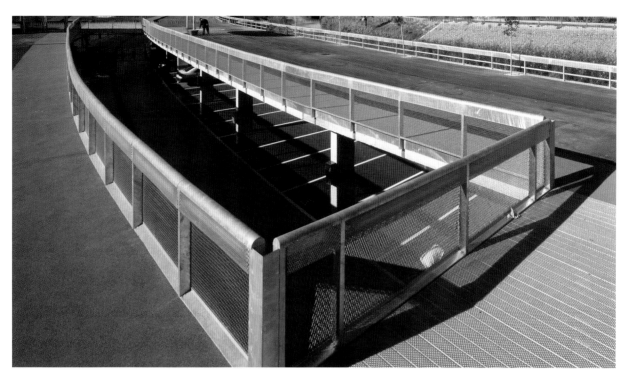

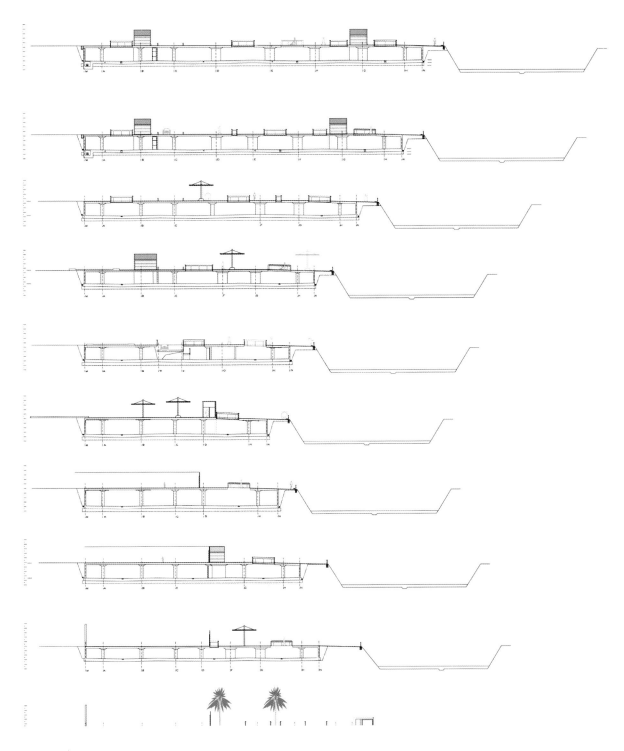

Secciones / Sections

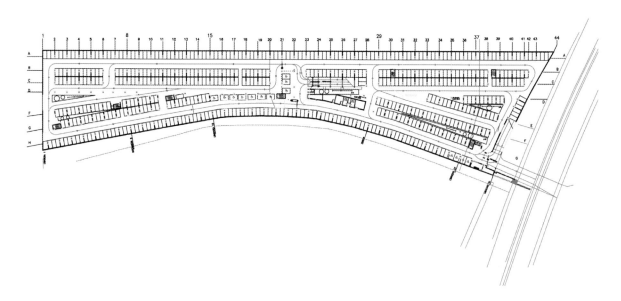

Nivel inferior / Lower level

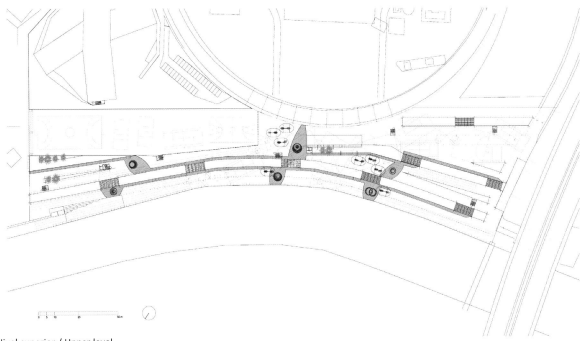

Nivel superior / Upper level

WEBB BRIDGE

Melbourne, AUS

ARCHITECT: **DENTON CORKER MARSHALL, ROBERT OWEN**

photo: John Gollings, Shannon McGrath

El antiguo puente Webb Dock Railway, que estuvo abierto sólo durante una década, entre 1986 y 1996, se ha convertido en un puente para peatones y bicicletas.

The former Webb Dock Railway Bridge, which was only open for a decade between 1986 and 1996, has been converted into a pedestrian/cycle bridge.

Al ser parte de un proyecto de arte público, el objetivo del diseño fue recuperar los vestigios del puente ferroviario para conectar Docklands, una zona en el norte donde se había realizado una importante renovación urbana, con el nuevo proyecto residencial de la orilla sur. El resultado fue un puente formado por dos tramos: uno de145 m de largo que ya existía y una rampa curvada de 80 m de largo en la parte sur.

El artista Robert Owen imaginaba el puente como una trampa koori para cazar anguilas. El entramado de la red de pesca de estos aborígenes está representado por arcos ovoides, como si fueran nervios, que rodean la cubierta del puente, construida con hormigón pigmentado. Los arcos varían en anchura y altura, distanciándose hacia la mitad del arco y recobrando su intensidad a medida que se acerca a la orilla sur, y están hechos de acero y conectados por tiras también de acero de 150 mm de ancho.

Se llevaron a cabo la fundición y el ensamblado por tramos; todo el puente se construyó en una barcaza en el puerto Victoria y, con marea alta, se hizo flotar hasta su posición, como una única pieza. Por las noches, el puente cobra vida gracias a un innovador diseño de iluminación de Arup Project Engineers. Iluminada, la silueta de la estructura se refleja en el río Yarra y crea un efecto espectacular.

Part of a public art project, the design of this bridge called for the reuse of the rail bridge's remnants to connect the Docklands, a major redevelopment in the north, to the new residential developments on the South Bank. The resulting bridge consists of two distinct sections: The 158-yard (145-meter)-long existing structure and an 80m long new curved ramp on the south side.

Artist Robert Owen imagined the bridge as a Koori eel trap. The lattice-shape of the Aboriginal fishing net is represented by ribs of ovoid hoops that encircle the bridge deck, made of pigmented concrete screed. The hoops vary in width and height, growing further apart towards the middle of the span and regaining their intensity as you approach the south bank. They are made of steel sections and are interconnected by a series of 1.5-centimeter (0.5-inch)-wide steel straps. The steelwork was preassembled in sections and the entire bridge was constructed on a barge in Victoria Harbor and floated into position, as one single piece, at high tide. At night, the bridge comes alive with an innovative lighting scheme developed by Arup project engineers. Lit up, the structure silhouettes in the Yarra River, and creates a dramatic effect.

Una forma sinuosa y escultural une el antiguo puente Webb Dock Rail y la nueva rampa con la orilla sur.

A sinuous sculptural form unifies existing remnants of Webb Dock Rail Bridge and the new connection to the south bank.

A medida que se acercan a la orilla sur, los arcos van cobrando intensidad y se convierten en una verdadera filigrana.

Steel ovoid hoops regain their intensity and evolve into a filigree cocoon as you approach the south bank.

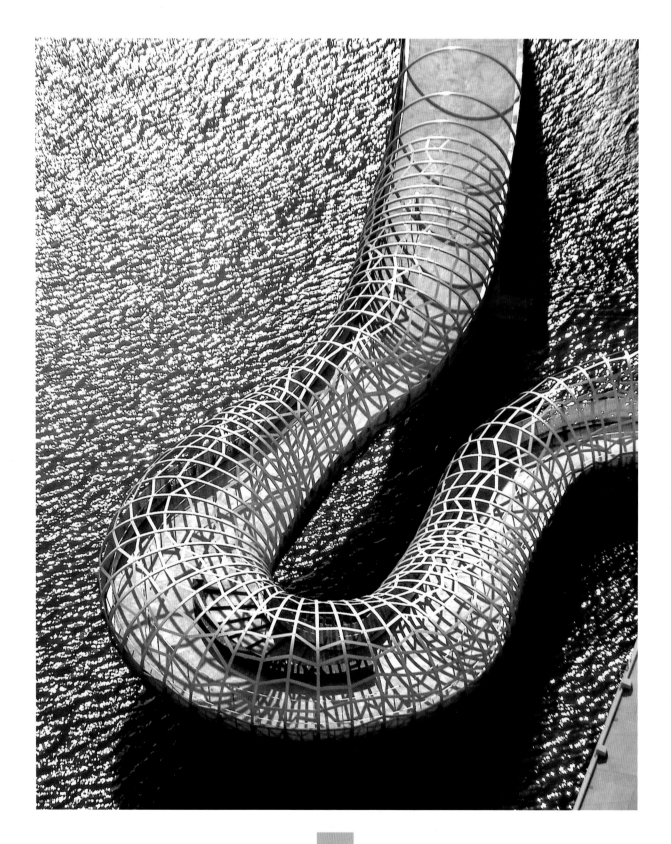

El puente se construyó en una barcaza en el puente Victoria y se colocó como una única pieza.

The bridge was constructed on barges in Victoria Harbor and was floated into position in a single fabricated piece.

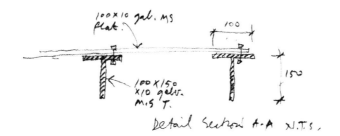

100×10 gal. MS
flat.

100

150

100 × 150
×10 galv.
M.S T.

Detail Section A·A N.T.S.

mesh/net made of a series of
hot dip galvanized hoops of
varying size (width/height)
as ᵗʰᵉ sections, held together
with random flat galv. m's
flat straps bolted to them

metal framed, alumin.
clad upstand 500 high.

mesh/net
varies in
height/width

new surface
on bridge
probably
pigmented gray
concrete with
joints across
width at
2 600 centres.

+3000

+1000

300

glass

existing bridge
structure
remains

— new steel framing
supported from bridge
structure to take
riveted aluminium panels,
lapped and staggered
with say 1200 × 1200 (skewed)
finish

alumin.
cladding

Elevation

Section 1:100.

131

TERMAS GEOMÉTRICAS

Parque Nacional Villarica, CHI

ARCHITECT: **GERMÁN DEL SOL**

photo: Guy Wemborne

Este proyecto consiste en la habilitación de las fuentes de agua termal que brotan naturalmente en una quebrada casi inaccesible, en medio de los frondosos bosques del Parque Nacional Villarrica, en Chile.

This project consists of the development of the thermal hot springs which erupt naturally in a nearly inaccessible gorge, at the heart of the lush forests of the Villarrica National Park in Chile.

Se trata de más de sesenta fuentes termales que vierten más de veinte litros por segundo a unos 80 ºC de temperatura. El proyecto está formado por unas pasarelas de madera que se extienden a lo largo del valle para aprovechar las fuentes naturales y que convierten el parque en un sistema de baños óptimo para el visitante.

Para lograrlo se excavaron veinte pozos a lo largo de 450 metros de quebrada, en medio de la exuberante vegetación.

Las pasarelas, compuestas por una rampa continua sin escalones, permiten recorrer la quebrada con facilidad y perderse entre los pozos para elegir el rincón más privado en el que bañarse, sin peligro de tropezar cuando oscurece o de resbalar con el hielo durante el invierno. Además de las pasarelas, el proyecto incluye servicios, vestidores y una serie de terrazas donde descansar y disfrutar de las vistas del bosque circundante.

There are over sixty thermal springs which produce more than 5 gallons of water a second at temperatures of around 176ºF. The project uses wooden walkways which go along the valley bottom and which allow the visitor to enjoy the bathing facilities.

This was achieved by excavating twenty wells along the 17-inch ravine in and amongst the exuberant vegetation.

The walkways, which are flat surfaces without steps, allow the ravine to be explored with ease in order to find the ideal private spot for bathing, without having to worry about tripping up when it gets dark, or sliding on ice in the winter. The project, as well as the walkways, also includes toilets, changing areas and a series of terraces which provide somewhere to relax and enjoy the views of the surrounding forest.

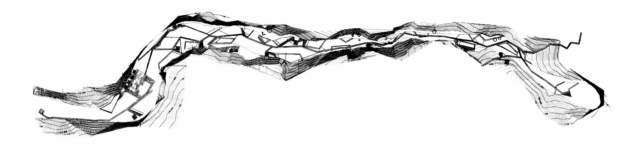

Plano general / General plan

Planta de recorridos / Path plan

El proyecto arquitectónico, de carácter rústico y al mismo tiempo extremadamente preciso, permite gozar de la agradable experiencia de los baños purificantes y dejarse llevar por el movimiento del agua.

This rustic yet extremely precise architectonic project, makes the enjoyable experience of relaxing in these purifying waters available to everyone.

RÉURBANISATION D'UNIMETAL

Normandy, FRA

ARCHITECT: DOMINIQUE PERRAULT

photo: Perrault Project, George Fessy, Jean Marc Piel

La respuesta que debía ofrecer este proyecto de regeneración de un antiguo área industrial, a diferencia de otros casos, no era tanto histórica como geográfica.

The response that this regeneration project of an old industrial area had to offer, unlike other cases, was not so much historic as it was geographic.

Y es que el cese en la actividad de la Sociedad Metalúrgica de Normandía (SMN), ubicada en las cercanías del río Orne, crearía nuevas oportunidades que posibilitarían, entre otras cuestiones, el acercamiento de la naturaleza a la ciudad.

Este motivo justifica el detenido estudio del lugar, con la clara finalidad de identificar los medios y las potencialidades del mismo, para, a partir de ellos, definir qué elementos serían los que se mantuvieran en el futuro.

En este sentido, se detectarían tres localizaciones significativas: el valle, la meseta y la cresta. A lo largo del río Orne, una ancha avenida delimitada por arbolado parece no necesitar nada más que ser bordeada por el continuo urbano de edificios que define la ciudad. En la meseta, antiguos trazos de la SMN facilitan el camino y prefiguran las líneas entre el tejido de la campiña y la urbanización. En la cabeza del valle, la traza de una vieja carretera que cruzaba la factoría demandaría, únicamente, ser vinculada a las áreas vecinas de la ciudad.

Se trató, por lo tanto, de dibujar qué es lo más importante de cada localización. Inventar un sistema que combinara las diferentes actividades y, sobre todo, que fuera capaz de introducir otras relaciones con la naturaleza. Así, el proyecto intenta cualificar las localizaciones dándoles una identidad, un futuro.

The suspension of activity by the Metallurgical Society of Normandy (SMN), located in the proximity of the Orne River, created new opportunities that enabled, among other questions, bringing nature closer to the city.

This motive justified a thorough study of the area, with the clear objective of identifying its means and potentials, in order to define which elements would be maintained in the future.

In this way, three significant localizations were recognized: the valley, the plateau and the crest. Alongside the Orne River, a wide avenue bordered by woodland did not seem to need anything else other than being bordered by the urban limit of buildings that defined the city. In the plateau, old tracks of the SMN facilitated the route and prefigured the lines between the plot of open land and the development. At the head of the valley, the section of an old road that crossed the factory only required being connected to neighboring areas of the city.

So it meant drawing what were the most important aspects of each localization, inventing a system that combined the different activities and that, above all, was capable of introducing other ways of relating to nature. So, the project tried to classify the localizations by giving them an identity, a future

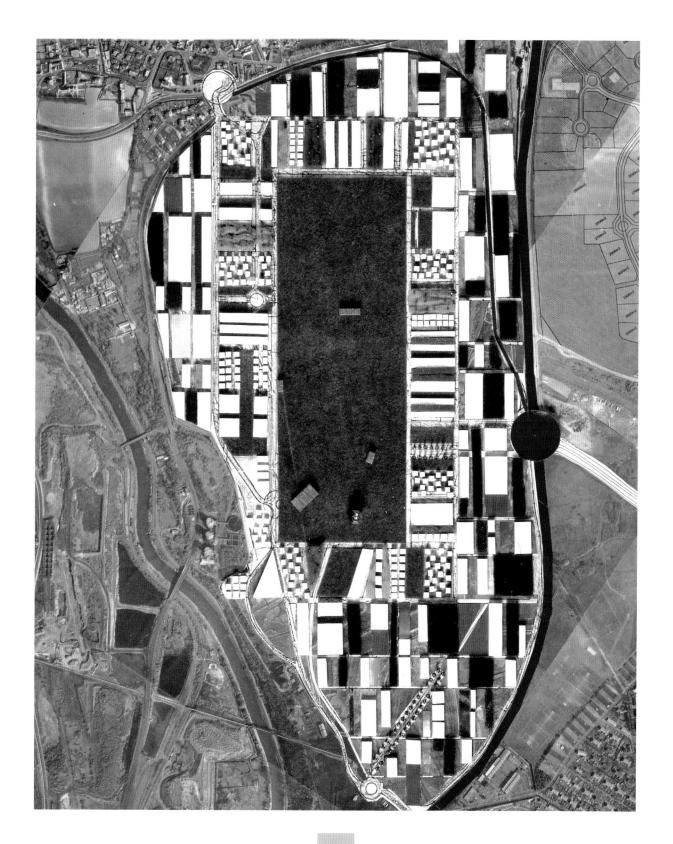

La relación entre la meseta y el valle, por ejemplo, mereció su protección, respeto y realce. El problema, en este caso y a diferencia de otros muchos proyectos, era un exceso de terreno.

La redefinición de la ciudad se extiende a las riberas y colinas y, desde ahí, a todo el lugar. En definitiva, el deseo de conectar y reconectar la naturaleza y la arquitectura.

The relation between the plateau and the valley, for example, deserved to be protected, respected and enhanced. The problem, in this case, unlike many other projects, was the excess terrain.

The redefinition of the city was extended to the riversides and the hills and from there, to the entire area. Definitely, there was a desire to connect and reconnect nature and architecture.

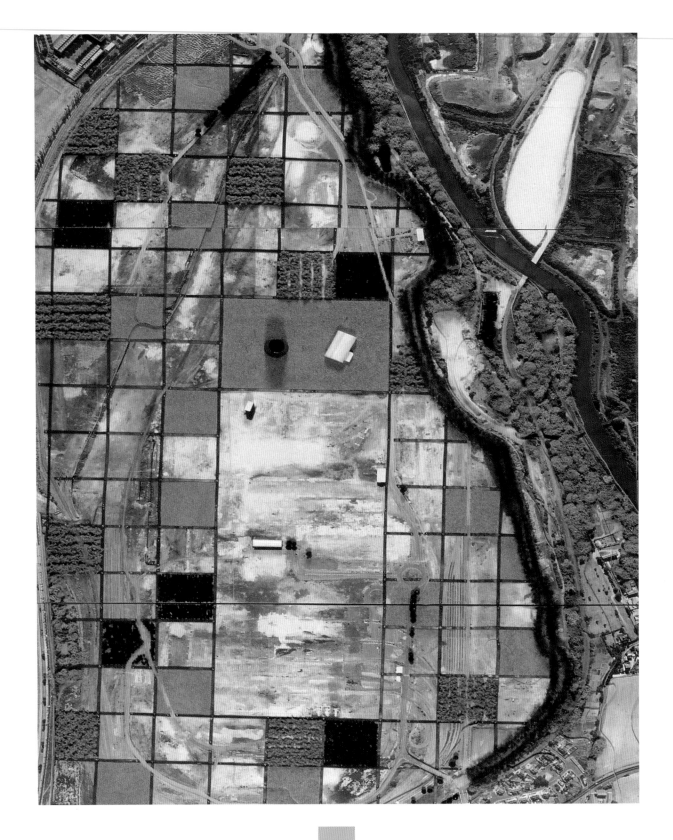

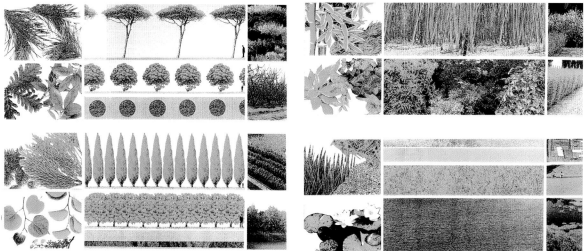

FOOT BRIDGE

Austin, TX, USA

ARCHITECT: **MIRÓ RIVERA ARCHITECTS**

photo: Paul Finkel / Piston Design

Inspirado en los juncos que bordean el lago donde se ubica, este puente es una ligera estructura que forma parte de un plan general para proteger el delicado ecosistema de la península.

The reeds which border the lake where it is located were the inspiration for this lightweight bridge and part of a general plan to protect the peninsula's delicate ecosystem.

Una red peatonal permite contemplar la variada fauna y flora que puebla la zona, incluidas varias especies de aves migratorias que anidan en esta reserva natural. El diseño de estos caminos, así como el puente, debía acentuar la fragilidad del ecosistema y crear en el visitante una sensación de respeto por el entorno. En el caso del puente peatonal, esta imagen se logra mediante una composición de varillas de acero oxidado que conforman la barandilla del propio puente. La estructura está compuesta por dos tubos en forma de arco que recorren una distancia de 24 metros por encima del lago. Como si se tratara de raíces y troncos que se han anudado naturalmente, el puente se mimetiza con el entorno y, al cruzarlo, permite percibir el fondo del lago y el paisaje circundante.

Abundant flora and fauna as well as various species of migratory birds which nest in this nature reserve can be observed thanks to a network of footpaths. The footpaths and the bridge were both designed with a view to enhance the fragility of the ecosystem and bestow a feeling of respect for the environment on the visitor. As regards the bridge, the imagery was created by the composition of rusty metal rods which serve as the handrail. The structure is made up of two arch shaped pipes which stretch 79 feet over the lake. The effect of the rods intertwining like roots and branches camouflage the bridge in its setting. The end of the lake and the surrounding scenery can be viewed on crossing the bridge.

Dos dados de hormigón de color blanco sirven de apoyo en cada extremo de la estructura metálica del puente y funcionan como elemento articulador entre el puente y el entorno natural..

Two white concrete blocks give support to both sides of the bridge's metal structure and serve as the dividing element between the bridge and the natural setting.

155

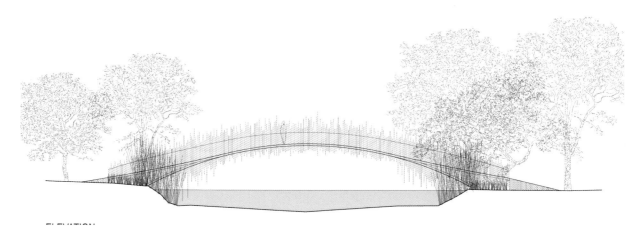

Elevación / Elevation

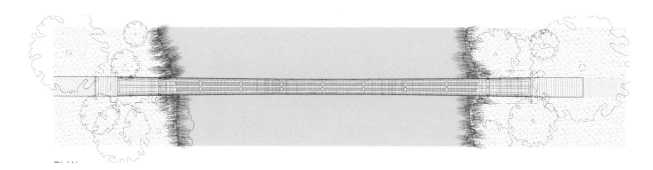

Plano / Plan

VÅGSALLMENNINGEN

Bergen, NOR

ARCHITECT: **LANDSKAP DESIGN & ARKITEKTGRUPPEN CUBUS**

photo: Arnen Sælen

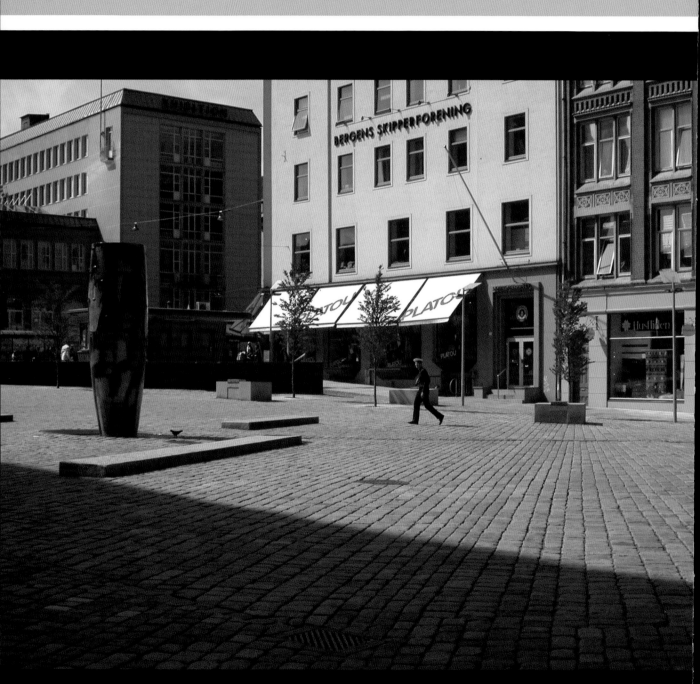

Vågsallmenningen es un espacio urbano insertado en una estructura medieval, fruto del trabajo multidisciplinario de arquitectos, paisajistas, artistas plásticos e historiadores.

Vågsallmenningen is an urban space within a medieval structure, the result of the multi-disciplinary work of architects, landscapers, artists and historians.

La zona de transición entre la bahía y el centro administrativo y financiero de Bergen contaba con dos plazas, conectadas por una estrecha calle, en el marco de una red urbana que data del siglo XIV. A efectos de crear una sola unidad, los arquitectos y los paisajistas emparentaron ambos espacios instalando en el medio de la vía un desagüe de cerámica de 99 metros de largo. Cada una de las baldosas del estrecho canal pluvial ha sido hecha artesanalmente por los artistas Kari Aasen y Magne Furuholmen (conocido como integrante de la banda de pop A-Ha). Su punto de partida es una vasija de cuatro metros de alto, también diseñada por Furuholmen, que de manera aleatoria emite la canción Steamboats of Bergen y lanza al aire nubes de vapor para hacer visibles los cambios de dirección del viento.

Como el sector central del área intervenida era el más oscuro y ventoso, los arquitectos resolvieron aplicarle un pavimento de calidad superior al de las plazas adyacentes: placas de granito antideslizante, intercaladas con trece baldosas diseñadas por el artista Lasse Berntzen que contienen citas del poeta Ludvig Holberg, nacido en esa ciudad en 1684.

Por la noche, la vasija gigante y los ligeros árboles de katsura de la plaza se iluminan desde el suelo con pequeños puntos de luz, lentes de fibra óptica encajadas en enormes losas de granito, que sugieren un ambiente de fantasía en las largas veladas invernales. La vegetación se riega con el agua de lluvia que recogen tres rejillas de granito en el suelo. Una de las plazas está dividida por un muro de granito chino pulido, cuyas junturas, rellenas de vidrio, se iluminan con LED. Otras texturas aplicadas son la piedra jabón, en los bancos y un sector central del pavimento, y los adoquines de piedra de la zona, en las dos plazas, que refuerzan la unidad visual.

The area that leads from the bay to the administrative and financial center of Bergen used to have two squares, connected by a narrow street, within an urban network dating from the 14th century.

In order to create a single unit, the architects and landscapers linked the two squares by installing in the middle of the road a ceramic channel 300 feet long. Each of the tiles in this narrow rainwater channel has been hand-crafted by the artists Kari Aasen and Magne Furuholmen (famous as one of the members of the band a-ha). It starts with a 12-foot-high vessel, also designed by Furuholmen, which randomly emits the song Steamboats of Bergen and throws clouds of steam into the air to show when the wind changes.

As the central section of the site was the darkest and most windswept, the architects decided to lay paving of higher quality than that to be found in adjoining squares: non-slip granite slabs, interspersed with thirteen tiles designed by the artist, Lasse Berntzen, containing quotations by the poet, Ludvig Holberg, who was born here in 1684.

At night, the giant vessel and slender katsura trees in the square are lit from the ground by small points of light, fiber-optic lenses encased in vast granite slabs, giving a suggestion of a fantasy atmosphere in the long winter periods of darkness. The vegetation is irrigated with the rainwater that is collected by three granite grids on the ground.

One of the squares is divided by a polished Chinese granite wall, whose joins, filled with glass, are lit by LEDs. Other textures used are soapstone, on the benches and a central sector of the paving, and the local cobblestones in the two squares, reinforcing visual unity.

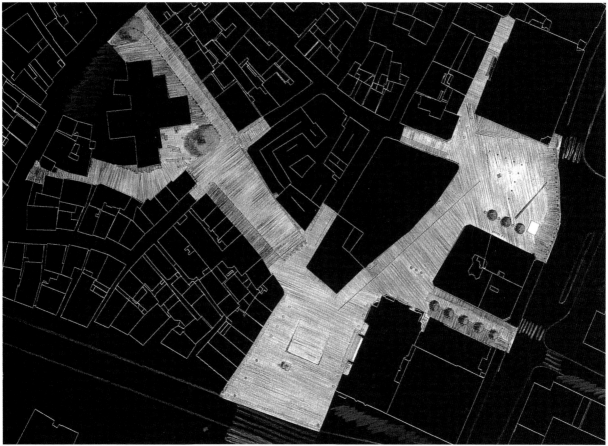

Plano de situación / Sitemap plan

Los escalones están revestidos con terminaciones de acero inoxidable, que no sólo definen el perfil sino que dificultan la acumulación de nieve.

The steps are trimmed with stainless steel, which not only defines the profile but also helps to stop snow piling up.

Esbozos / Sketches

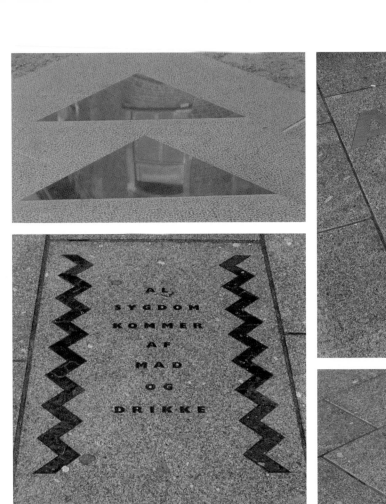

ACCESO A LA PLAYA DE BAKIO

Bakio, ESP

ARCHITECT: **JAVIER BENGOA**

photo: Javier Bengoa

El mirador se ubica sobre el acantilado de Askada, donde se realiza un vaciado granítico, lugar carente de masa donde se libera el espacio que permite el movimiento sobre su superficie.

The balcony is located over the Askada cliff, where granite was hollowed out. This location lacking mass is where space is freed to allow movement on its surface.

Génesis Oteiziana, cuarta dimensión, describe sobre este el nombre de Bakio posado en el nuevo espacio activo.

Prismas de granito amarelo, con planos girados y abatidos como si surgieran de una talla.

Cinco secuencias de un frontón, chapara de "falta" como sólido de muros verticales de viento, uno vacío, y cuatro de juego.

En cada secuencia se plasma una jugada que representa cada letra de Bakio.

Sólo desde la visión aérea, como si de un tablero de ajedrez se tratara, podemos observar la luz y sombra de los cuatro frontones que expresan el nombre de Bakio.

En la escaleras, sucesión de losas inclinadas, concatenadas hasta la roca inferior para evitar su deslizamiento. Rigidización de estas losas con muros verticales describiendo a la vez escenografías y ecos de mar de distinta intensidad. Emoción desde los ojos de un niño, y en su inicio desde el mirador, descubre mediante las visiones parciales, ecos del mar y silencios, potenciados por los muros y contramuros verticales, hasta su acercamiento a la playa. Iluminación dentro de la chapa cancha evitando deslumbramiento hacia el paisaje marino. El conjunto se completa con la escultura-veleta del mismo autor, trabajo desarrollado desde el dibujo con tijera (según el autor, quizás en recuerdo al trabajo que con Eduardo Chillida realizó para la Universidad) como génesis de un soporte bidimensional que en su doblez envuelve su vacío interior - sardinas.

Génesis Oteiziana, from Cuarta Dimensión, describes over this the name of Bakio which is layed out over the new active space.

Amarelo granite prisms, with turned and collapsed planes as if they were emerging from a carving.

Five sequences of a gable, "default" chapara as solid vertical walls of wind, one empty, and our matching. In each sequence a game is depicted which represents each of the letters of Bakio.

Only from an air view, as if it were a chess board, are we able to observe the light and shadow of the four gables that express the name of Bakio.

In the stairs, a succession of inclined slabs, joined all the way down to the lower rock in order to avoid their slipping. Strengthening of these slabs with vertical walls describing in turn, sea scenes and echoes of different intensity. Emotion from the eyes of a child, and in its beginning from the balcony, he discovers by means of partial visions, sea echoes and silences, highlighted by the vertical walls and countermures, until reaching the beach. Lighting inside the enclosed sheet in order to avoid dazzling towards the sea landscape. The set is completed with the sculpture-weather vane by the same author, a task that was developed from a drawing with scissors (according to the author, maybe in memory of the work that he carried out with Eduardo Chillida he carried out for the University) as genesis of a bi-dimensional support that in its doubling envelopes its empty inside - sardines.

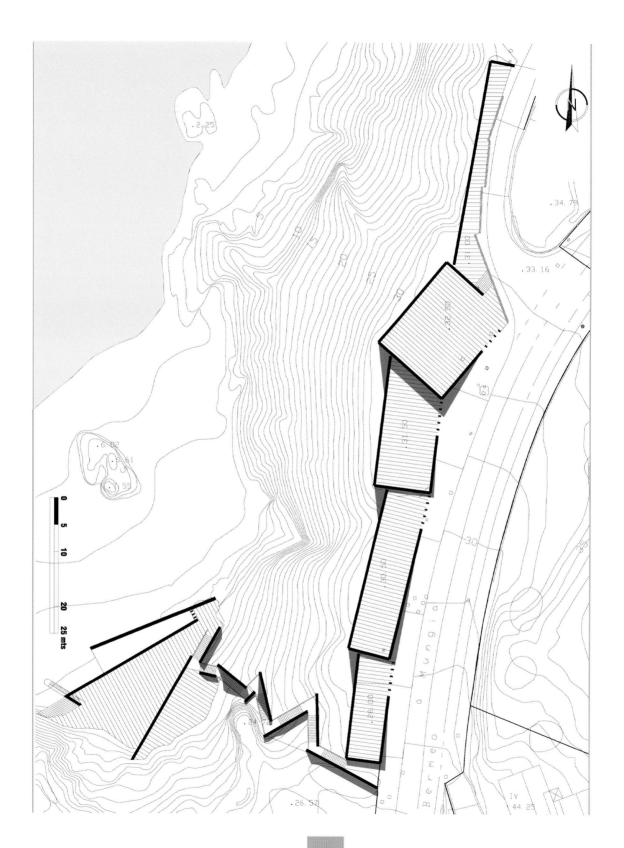

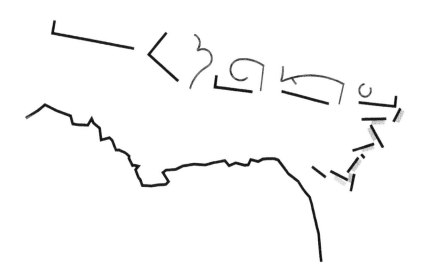

Conceptual sketch / Esquema conceptual

PASEO DEL ÓVALO

Teruel, ESP

ARCHITECT: **DAVID CHIPPERFIELD ARCHITECTS - B720 ARCHITECTURA**

photo: **Joaquín Torres**

La necesidad de enlazar con mayor comodidad la estación de ferrocarril de Teruel con el Paseo del Óvalo -hasta el momento sólo posible a través de una larga escalinata neo-Mudéjar- es el origen de esta intervención de reforma urbana.

The need to link more comfortably the Teruel train station with Paseo del Óvalo, -until now it was only possible through a long neo-Mudejar stairway- is the origin of this urban reform intervention.

Enclavado en las antiguas murallas de la ciudad, un ascensor vertical conseguirá salvar el fuerte desnivel existente entre ambas partes.

En la parte inferior, la peculiaridad de su acceso -a modo de gran cavidad vertical horadada en la muralla- conseguirá atraer la mirada del viandante.

Este gesto se potencia, además, con la fuerza de la traza que define el pavimento del suelo, de diferente color y formato que, a modo de alfombra, marca la disyuntiva entre el nuevo ascensor y las tradicionales escaleras, hasta penetrar en el interior de la muralla. Entre ambos modos de comunicación una agrupación de árboles y bancos recrean un área de estancia, de bucólica imagen con iluminación nocturna.

En la parte superior, por el contrario, el desembarco del ascensor se realiza a través de un prisma translúcido, que emergerá desde el oscuro pavimento del Paseo del Óvalo. De esta manera, por el día, la sensación visual del volumen será liviana. Por la noche, sin embargo, el prisma será una gran caja de luz, un estallido emergente del interior de la histórica muralla.

El resto del Paseo, que partirá desde el volumen, se desarrolla en base a una doble hilera de árboles y bancos, delimitando con claridad una banda externa para la circulación rodada, reservando para el tránsito peatonal el contacto con el tejido edificatorio de la ciudad existente.

Ha destacarse, en cualquier caso, que la sutileza en el tratamiento de la nueva intervención en ambas zonas -superior e inferior- evita conflicto alguno entre ambos modos de comunicación, con los muros, o con las edificaciones cercanas, confirmando que los nuevos materiales empleados (acero corten, piedra de tonalidad clara y ladrillos de vidrio, entre otros), pueden congeniar con el planteamiento preexistente.

Located within the old walls of the city, a vertical elevator will be able to overcome the strong unevenness between both sides.

On the lower part, the peculiarity of its access -in the form of a great vertical cavity drilled into the wall- will attract the look of the passers-by.

This is also highlighted with the strength of a design that defines the ground paving of different colour and format and that, like a rug, marks the difference between the new elevator and the traditional stairs, until penetrating inside the walls. Between both ways of communication, a group of trees and benches recreate a living area of bucolic appearance in night lighting.

At the top, on the contrary, the elevator is exited through a translucid prism, which will emerge from the dark paving of the Paseo del Óvalo. Thus, during the day, the visual feeling of the volume will be light, while at night, the prism will be a great box of light, an emerging explosion from the inside of the historic wall.

The rest of the walkway, which will start from the volume, unwinds on the basis of a double row of trees and benches, with clear limits marked by an external strip for vehicles, while contact with the building mesh of the existing city is reserved for pedestrian transit.

In any case, it is worth highlighting that the subtle treatment of the new intervention in both areas -top and bottom- avoids any conflict between both means of communication, with the walls, or with the nearby buildings, confirming that the new materials used (corten steel, light coloured stone, and glass bricks, among others), are compatible with the pre-existing proposal.

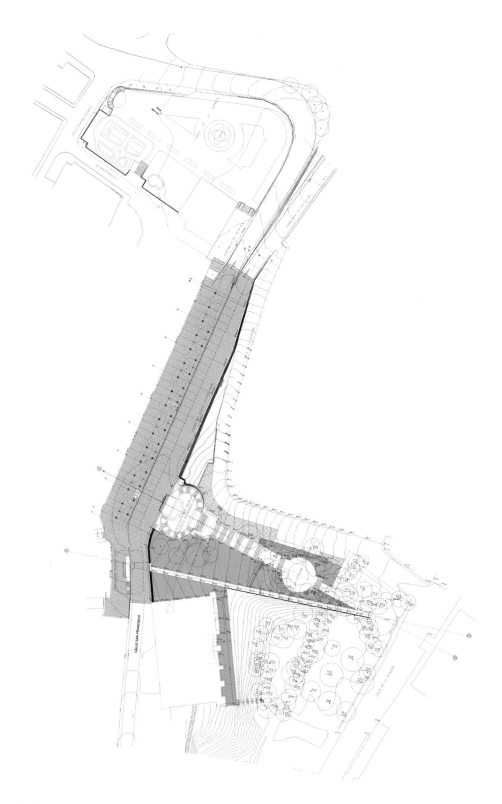

Planta / Ground plan

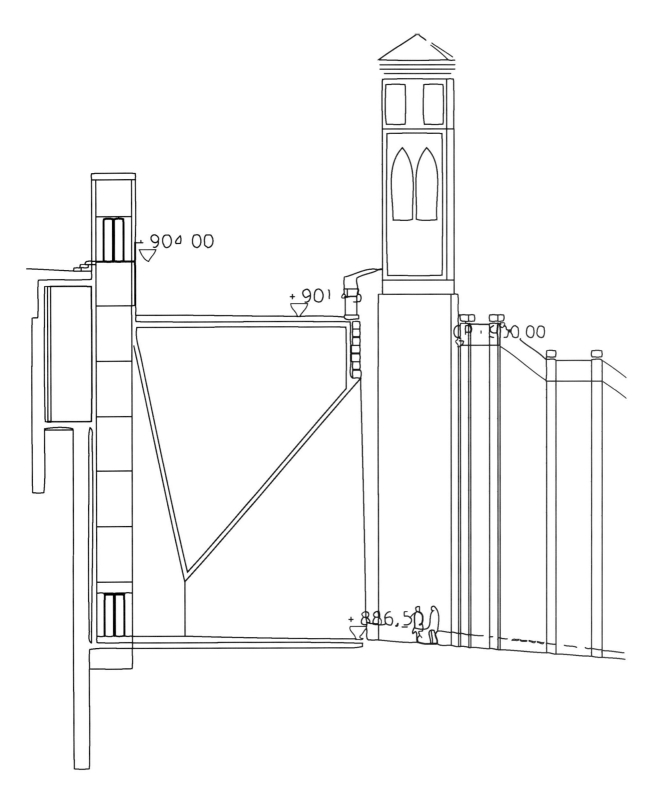

+ 90⁴ 00

+ 901

00 00

+ 886,5

Sección / Section

Sección / Section

Sección / Section

PARQUES Y JARDINES

PARKS &

GARDENS

GARTENPARK

Wernigerode, GER

ARCHITECT: **HUTTERREIMANN & CEJKA, A_LAB ARCHITECKTUR**

photo: **Christo Libuda, Franziska Poreski, Hutterreimann & Cejka**

El festival regional de jardinería de Wernigerode ha dado origen a un parque moderno, que adopta las características del paisaje a partir del buscado equi-librio entre el espectáculo y el uso sostenible del espacio.

The regional gardening festival in Wernigerode has given rise to a modern park which has adopted the characteristics of the surrounding countryside based on a balance between spectacle and the sustainable use of this space.

Lejos de las tradicionales exhibiciones de jardinería que se centran en el diseño de atractivos parterres y poco más, el proyecto del estudio Hutterreimann & Cejka ha concebido un parque que funciona como escenario de la muestra y también más allá de ésta. El eje del proyecto lo constituye un sendero peatonal, de más de mil metros, que recorre los siete lagos situados al pie de las septentrionales montañas del Harz, denominado «camino del pez».

En el recorrido por la pasarela, el transeúnte se encontrará cinco follies o caprichos arquitectónicos. Planificadas por Jens Schmahl de A-Lab Architektur, estas estructuras integran el agua como un elemento dinámico del conjunto y crean focos de bienestar: una cascada que se puede atravesar, un acuario transparente que muestra la cría de peces, una sala de arte que proyecta fondos marinos virtuales y simples plataformas que invitan a sentarse junto al agua. A medio trayecto, dos altas paredes de piedras calizas o gabions enmarcan el camino y evocan las antiguas instalaciones mineras de las Harz. Son estructuras de roca cimentadas sobre hormigón y pedales de acero que atraviesan una loma creada con viejos desechos industriales y terminan abriéndose al lago central.

En una parte de la franja de parterres que alojó los más de 60 jardines temáticos del festival hay cinco piscinas de evaporación, verdaderos jardines acuáticos, destinadas a recoger el agua de la lluvia y evitar la dispersión de los contaminantes de un antiguo vertedero de residuos industriales.

La amplia pradera, y el bosque en medio, constituye uno de los principales centros de atención. En este sector los arquitectos trazan un guiño a la leyenda de los duendes de Wernigerode, seña de identidad del pueblo, en los destellos que emite bajo el sol el lazo metálico perforado que abraza la arboleda.

Far from the traditional gardening exhibitions that focus on the design of attractive flower beds, and little else, the Hutterreimann & Cejka studio has designed a park that acts as a setting for such an exhibition, as well as something extra. The project is centered round a footpath, over a thousand yards long, which runs past the seven lakes situated at the foot of the Northern Harz mountains, known as the "Fish Trail".

Along the walkway, the visitor will come across five follies. Planned by Jens Schmahl of A-Lab Architektur, these structures integrate water as a dynamic element of the whole, and they create focal points of peacefulness: a waterfall one can walk through, a transparent aquarium showing fish breeding, an art gallery projecting virtual ocean beds and simple platforms that induce one to sit by the waterside.

Halfway along the path, two high limestone rock walls or gabions line the walk, evoking the old mining installations of the Harz Mountains. They are structures of rock with concrete foundations and steel footings that pass through a hill created with old industrial waste, and they open out onto the central lake.

In one section of the beds that contained the more than 60 thematic gardens in the festival, there are five evaporation pools, genuine water gardens, whose purpose is to collect the rainwater and stop the spread of pollutants from an old industrial waste tip. The expansive grassland, with a wood in the middle, is one of the main focuses of attention. In this sector the architects have provided a nod to the legend of the Wernigerode goblins, one of the town's trademarks, in the flashes of sunlight reflecting off the perforated metal band surrounding the trees.

El parque se recorre por el vertebrador camino del pez y un serpenteante sendero lateral que le hace de contrapunto.

The park is crossed by the central Fish Trail and a winding lateral path that acts as a counterpoint.

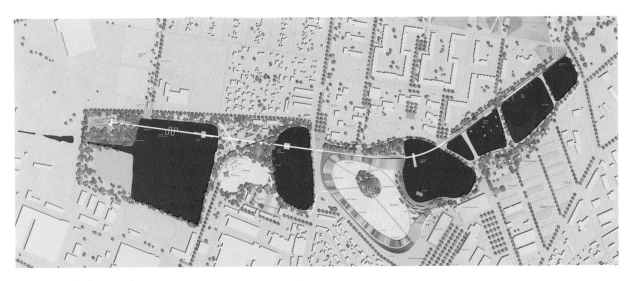

Plano de situación / Sitemap plan

Los muros de piedras calizas traen a la memoria las antiguas explotaciones mineras de la región.

The limestone walls recall the old mines of the region.

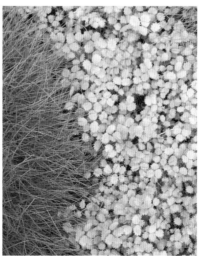

PARC DEL TORRENTE BALLESTER

Viladecans, ESP

ARCHITECT: **ARTURO FREDIANI SARFATÍ**

photo: Santi Triviño

El Torrente Ballester, situado en un lugar, por su pendiente, difícilmente urbanizable, fue en los últimos veinte años el lecho de un vertedero ilegal. El solar sobre el que se sitúa el parque, desciende por una colina que se entrega contra el delta del río Llobregat y salva un desnivel de 15 m. en sus apenas 300 m. de longitud.

Torrente Ballester, located in a place, that because of the existing incline, it is difficult to develop, has been, for the last 20 years, the bed of an illegal dumping ground. The plot on which the park is located, extends down a hill that presents itself against the delta of the Llobregat river and has a 15 m unevenness in its scarce 300 m. length.

A la hora de definir la ordenación del espacio, el arquitecto consideró prioritario el vaciado y desescombro del solar para la formación de una nueva topografía deprimida hasta seis metros en relación con la avenida que recorre su límite. Se consiguió poner en práctica una estrategia subversiva respecto al ideal tradicional de parque (léase espacio donde encontramos unos recorridos claramente marcados rodeados por superficies ornamentales no transitables). La propuesta apostó por eliminar toda limitación: el usuario debería poder usar y experimentar todo el espacio disponible. Las pendientes, las texturas y los colores no deberían segregarse de los recorridos y éstos últimos, a su vez, serían producto casual del movimiento del usuario y no de los límites de la pavimentación. En relación con el tejido urbano circundante el parque se organiza según tres bandas paralelas longitudinales definidas por el arquitecto como "banda de transición urbana", "franja intermedia o Parque Salón" y "arboleda o franja magmática".

La banda de transición urbana limita con la Avenida de Josep Tarradellas, una de las vías principales de la localidad, y consiste en un paseo en carena que, mientras segrega las bandas más interiores del parque del impacto del tráfico rodado, permite al paseante dominar las perspectivas generales. La franja central del parque es sensiblemente más ancha que la primera. Su superficie se halla parcelada en sectores con distintas dimensiones, pendientes, propiedades de uso, y color. Su combinatoria se traduce en una malla flexible a las distintas actividades humanas. El espacio resultante fluye de punta a punta del solar sin interrupción poniendo en práctica una revisión contemporánea del modelo barroco de parque salón.

When defining the space ordinance, the architect considered emptying the plot and removing the rubble a priority in order to form a new topography with a depression of more than six meters in relation to the avenue that runs alongside of its limits. A strategy was put in place which was subversive in relation to the traditional ideal of the park (read about the space where we find walks which are clearly marked surrounded by ornamental surfaces that cannot be walked through). The proposal implied the elimination of all limitations: The user was supposed to be able to use and experiment the entire available space. Slopes, textures and colours should not be segregated from the walks and these, at the same time, would be a casual product of the user's movement and not of the limits of the paving. In relation to the surrounding urban fabric, the park is organized according to three longitudinal parallel strips defined by the architect as "urban transition strip", "intermediate stripe or parlour park" and "grove or magmatic stripe".

The urban transition strip limits with the Avenida de Josep Tarradellas, one of the main roads of the town, and it consists of a careened avenue that, while segregating the innermost strips of the park from the impact of the vehicle roads, it allows the pedestrian to have access to the general perspectives. The central strip of the park is considerably wider than the first one. Its surface is Divided in sections of different sizes, inclination, use properties, and colour. Its combinations are translated into a flexible mesh of different human activities. The resulting space flows from one end to the next of the plot uninterrupted thus putting into practice a contemporary version of the baroque model of park parlour.

Primavera / Spring

Verano / Summer

Otoño / Autumm

Invierno / Winter

Esquemas de la vegetación / Vegetation sketches

Una importante arboleda define la última de las franjas del parque. El proyecto adquiere espesor volumétrico para resolver una fachada urbana caótica y de límites imprecisos. La espesura actuará como elemento urbanístico corrector, envolviendo dichos límites en un manto verde. La masa arbórea define en su límite con la franja central del parque una nueva fachada de 300 m en la que se intercalan tramos de árboles con floración y árboles de hoja perenne. Esta fachada polícroma sólo se interrumpe por un estanque de 1.400 m² encajado en el bosque. En un lugar apartado del estanque se erige una instalación del escultor Alex Nogué: una gigantesca urna de vidrio que contiene veintidós toneladas de azulete y un verso del poeta catalán Víctor Sunyol que únicamente puede leerse reflejado en las aguas

An important grove defines the last of the strips of the park. The project acquires volumetric thickness in order to resolve a chaotic urban façade precisely delimited. The thickness will act as a correcting urbanistic element, enveloping these limits in a green blanket. The tree mass defines a new 300 m façade in its limits with the central strip of the park in which sections of flowering trees and perennial trees are inset. This polychrome façade is only interrupted by a 1.400 m² pond fit into the woods. In a secluded part of the pond there is a piece installed by the sculptor Alex Nogué: a huge glass urn containing twenty-two tons of blue clothes rinse and a poem by the catalonian poet Víctor Sunyol that can only be read reflected in the water.

UNION POINT PARK
Oakland, CA, USA
ARCHITECT: **URBAN DESIGN GROUP**
photo: David Goldberg, Dixi Carrillo, Proehl Studio

Union Point Park es parte de un esfuerzo a gran escala para crear un sistema de áreas verdes y senderos que comuniquen la ciudad con el mar a lo largo de la bahía de San Francisco.

Union Point Park is part of a large scale plan to create a system of green spaces and trails to link the city with the sea all along San Francisco Bay.

El Union Point Park ocupa un terreno de 3,6 hectáreas sobre la costa de la bahía de San Francisco. Esta zona, que anteriormente era el emplazamiento de un antiguo astillero, da servicio a un vecindario con una muy alta concentración de población infantil y gran necesidad de espacios abiertos recreativos. El diseño de Mario Schjetnan, del GDU, en colaboración con el despacho PGA Design, de Oakland, respetó la estructura del plan maestro concebido por la firma EDAW, excepto los montículos a lo largo del borde hacia la calle, que fueron reconfigurados como dunas o lomas.

Las cimas de estas elevaciones han sido unidas por medio de puentes, que conforman un eje peatonal y una ciclopista con vistas hacia la ciudad industrial, en un lado, y del estuario y la vida marina, en el otro. La loma más importante es la Union Point Hill, que con una altura de siete metros señala la entrada principal al parque. Esta prominencia funciona como un mirador cuya cresta espiral, un mástil de acero inclinado, sostiene mediante cables una pérgola metálica que se vuelca sobre la plaza de acceso. La loma y el mástil se iluminan por la noche como si se tratara de un faro o una señal.

Otro de los elementos que singularizan la identidad del parque son las zonas de picnic, con cubiertas inclinadas que protegen de los vientos. Los taludes de rocalla que las sostienen relacionan estas estructuras con el paisaje marino. El paseo o malecón conecta la marina, en un extremo del parque, con las zonas de juegos y un estacionamiento, en el otro extremo. A mitad del trayecto el sendero se intersecta con el «ceremonial circle» y una escultura ambiental del artista Ned Kahn que interpreta y celebra la acción de las mareas y las olas.

Union Point Park occupies an area of 9 acres on the coast of San Francisco bay. This zone, formerly a shipyard, serves a neighborhood with a very high childhood population and a great need for open recreational spaces. The design, by Mario Schjetnan, of GDU, in collaboration with the PGA Design firm from Oakland, kept to the structure of the draft plan drawn up by EDAW, except for the mounds along the edge looking onto the street, which were restructured as dunes or hillocks.

The crests of these dunes have been joined together by bridges, forming a pedestrian walkway and cycle track with views towards the industrial zone of the city on one side and the estuary and waterfront activities on the other. The most important hillock is Union Point Hill, twenty-three feet high, indicating the main entrance to the park. This rise acts as a look-out point whose spiral crest, a leaning steel mast, uses cables to hold up a metal trellis overhanging the access square. The hill and the mast are lit up at night as if they were a lighthouse or beacon.

Another of the features that sets the park apart are the picnic areas, with inclined awnings giving protection from the wind. The slopes of rubble on which these structures rest associate them with the seascape. The strand or jetty connects the marina, at one end of the park, with the play areas and a parking lot at the other. Halfway along, the path crosses the "ceremonial circle" and an environmental sculpture by the artist, Ned Kahn, which interprets and celebrates the action of the tides and waves.

Planta de situación / Location map

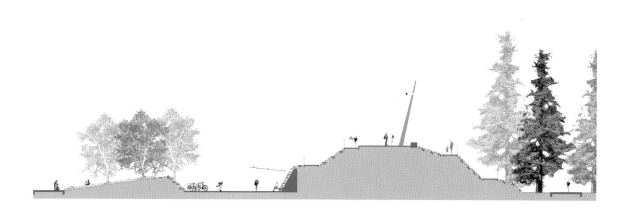

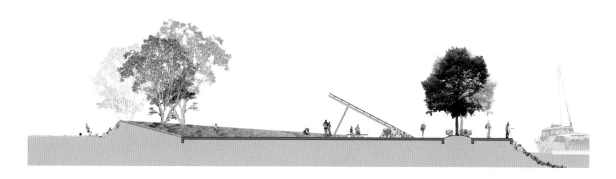

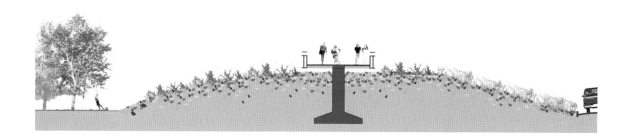

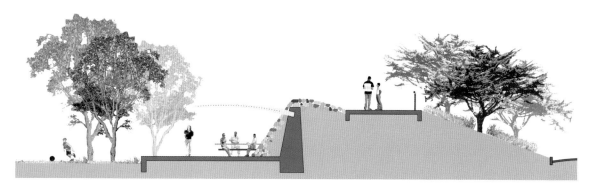

Secciones / Sections

211

PICCADILLY GARDENS

Manchester, GBR

ARCHITECT: **EDAW**

photo: **Dixi Carrillo (EDAW)**

La transformación de los Piccadilly gardens en un parque urbano moderno le ha dado a la ciudad de Manchester un punto de partida para la renovación de una parte del centro que había sido destruida por una bomba del IRA.

The transformation of Piccadilly Gardens into a modern city park has given Manchester the opportunity to start renovating a part of the city that had been destroyed by an IRA bomb.

Manchester es famosa por la música, su equipo de fútbol y la industria pesada, pero no por contar con espacios verdes en el centro urbano. Los Piccadilly Gardens son una de esas excepciones. Este parque situado en el corazón de la ciudad está rodeado de calles e instalaciones vinculadas al transporte, como la estación de autobuses, las vías del tranvía (metrolink), paradas de taxis y otros servicios adyacentes al área de negocios.

Previo a la reforma, el parque constituía un área deprimida en el terreno, con arbustos y parterres de flores, y era percibido por los ciudadanos como poco seguro, especialmente durante la noche. Por tanto, además de crear un emplazamiento urbano de nivel internacional, el desafío para EDAW fue devolver a la ciudad un espacio que había caído en desuso.

La primera tarea fue la remodelación y la nivelación de los senderos y del área para los peatones y el tranvía, donde se plantó un pequeño bosque de robles. En el lado sur de la plaza se construyó un pabellón curvo, que se erige como una barrera física entre los jardines y la muy concurrida ruta bus/metrolink. Diseñado por Tadao Ando, el pabellón alberga una cafetería y una oficina de información.

Los jardines centrales pasaron a formar una zona única de césped de 5,5 hectáreas. El tránsito diario de peatones se ha visto favorecido con dos grandes senderos que biseccionan el espacio. Pero el corazón del diseño global de la plaza es la fuente central proyectada por Peter Fink, de Art2Architecture, una elipse de granito que arroja al aire inquietos chorros de agua que se iluminan por la noche.

Manchester is famous for its music, its soccer team and heavy industry, but not for having green spaces in the center. Piccadilly Gardens is an exception. This park, located in the heart of the city, is surrounded by streets and transport facilities, such as the bus station, streetcar lines (Metrolink), taxi ranks and other services near the business area.

Prior to the refurbishment, the park was a sunken area with bushes and flower beds, and was looked on by the inhabitants as being rather an unsafe area, particularly at night. Thus the challenge for EDAW, as well as to create an urban site of international standing, was to give a space that had fallen into disuse back to the city.

The first task was the refurbishment and leveling of the paths and the pedestrian and streetcar area, where a small grove of oaks was planted. On the south side of the square a curved pavilion was built, which rises as a physical barrier between the gardens and the busy bus/Metrolink route. Designed by Tadao Ando, the pavilion houses a cafeteria and an information bureau.

The central gardens were transformed into a single area of grass with an area of 590,000 sq ft. The daily comings and goings of pedestrians are eased by two wide paths that bisect the space. But the heart of the overall design of the square is the central fountain designed by Peter Fink, of Art2Architecture, a granite ellipse that spouts up erratic jets of water which are lit up at night.

El proyecto de los jardines Piccadilly formó parte de la muestra «Groundswell: constructing the contemporary landscape» en el MoMa de Nueva York.

The Piccadilly Gardens project was part of the "Groundswell: constructing the contemporary landscape" exhibition at the MoMa in New York.

Plano de situación / Location map

Perspectiva / Perspective

TOLHEK PARK

Pijnacker, HOL

ARCHITECT: **JOS VAN DE LINDELOOF**

photo: **Jos Van de Lindeloof, Ruud van Zwet, Kraaijvanger-Urbis**

El planeamiento urbanístico realizado sobre los terrenos ganados al agua en el municipio holandés de Pijnacker otorga el protagonismo a un parque cuyo trazado integra una variedad de escenarios.

Urban planning implemented on land reclaimed from the water in the Dutch town of Pijnacker gives a leading role to a park whose layout brings together a variety of scenarios.

Tolhek es un área de transición entre la estructura urbana de Pijnacker y los espacios verdes circundantes de Groenblauwe Slinger. De hecho, es una de las zonas más complejas dentro de la región de Haaglanden ya que, además de las 1.250 unidades residenciales de diversos tipos y categorías, el plan director de ordenación urbana incluye el parque, una estación de tren, una escuela, un centro comercial y la nueva carretera N-470.

El terreno del vecindario está dividido en dos por un viejo dique, alrededor del cual el estudio de arquitectura de Jos van de Lindeloof ha desarrollado, en una primera etapa, el trazado en la parte norte de un parque de cinco hectáreas. Este sector del terreno estaba constituido principalmente por superficies de agua, pequeños senderos y un bosque muy joven. La tradición histórica y las características topográficas del sitio han ejercido un importante papel en el diseño. Tolhek está emplazado en una región en la que convergen diferentes tipos de paisajes, que se han querido enfatizar en el parque. Así, un sendero central serpentea en medio de canales y praderas. Se trata en realidad de un eje elevado sobre el césped y revestido en madera, que cuando se ensancha se combina con pavimento en rejilla metálica y aloja pequeños árboles. Otras veces el camino se convierte en puentes que acercan a los peatones a zonas del terreno que, de otra manera, hubieran permanecido inaccesibles. La perspectiva panorámica se obtiene desde la granja transformada en restaurante, situada en la cresta de uno de los principales montículos del parque.

Tolhek is an area of transition between the urban structure of Pijnacker and the surrounding green spaces of Groenblauwe Slinger. In fact, it is one of the most complex areas of the region of Haaglanden in that, as well as the 1,250 dwellings of various types and categories, the urban development draft plan includes the park, a railroad station, a school, a mall and the new N-740 highway.

The land in the neighborhood is divided into two by an old dyke, around which the Jos van de Lindeloof studio has developed, in the first stage, the northern section of a 12-acre park. This area of land consisted mainly of water, narrow paths and a very young forest.

Historical tradition and the site's features have played an important role in the design. Tolhek is situated in a region in which different types of landscape come together, and the aim has been to emphasize them in the park. For example, a central path winds among canals and meadows. This is in fact a raised wooden walkway over the grass, which on widening combines with metal grating with spaces for small trees. Elsewhere, the walkway turns into bridges that afford access to areas which otherwise would have been unreachable. A panoramic view can be enjoyed from the restaurant, once a farm, situated on the crest of one of the main mounds in the park.

Un sendero central pavimentado en madera serpentea por todo el parque.   A central path made of timber decking winds right through the park.

Planta / Site plan

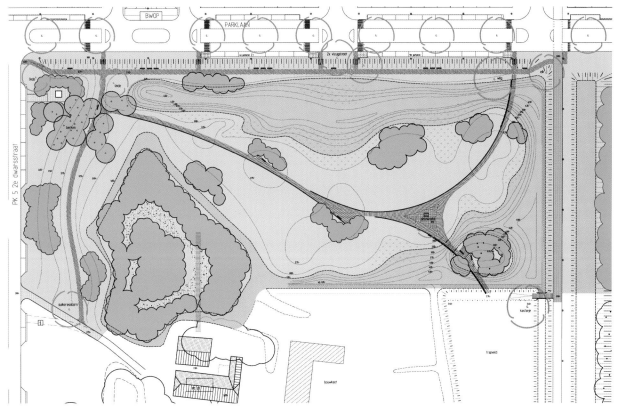

Plano de situación / Sitemap plan

LE JARDIN DU CLOS CARRET

Lyon, FRA

ARCHITECT: **ILEX PAYSAGE & URBANISME**

photo: Erick Saillet

El corazón del barrio de Croix Rousse aloja un jardín casi mágico, donde manzanos, higueras, orquídeas y muros recubiertos de cocodrilos han construido una intimidad inédita para un espacio público con estacionamiento subterráneo.

In the heart of the Croix Rousse quarter is what some might call a magic garden, where apple trees, fig trees, orchids and walls covered with crocodiles have created a unique feeling of harmony for a public space with underground parking.

Antes de la existencia del jardín de Clos Carret, el terreno del número 38 de la Rue de Cuire, de casi 4.000 m^2, albergó un restaurante con terraza y juegos de bolas, además de aparcamientos provisionales. Cuando la mancomunidad de Lyon adquirió la parcela para construir garajes subterráneos, encargó al estudio Ilex el diseño de un espacio que se articulase con los estrechos jardines que bordean las fachadas de los edificios adyacentes.

De allí surgió una plaza conformada por pequeños espacios imbricados, separados a veces por muros parcialmente derrumbados que, como si se tratase de patios vecinales, alojan huertas, flores y vergeles. En general, se distinguen cuatro zonas definidas por la vegetación. La fachada sur hospeda frondosas plantas de hojas perennes y hortensias que regalan sombra. A su vez, una parcela central de flores da paso a la luz y habilita la perspectiva hacia una de las calles circundantes. El tercer elemento delimita el huerto. Se trata de una franja rocosa con chorros de agua que termina en el muro de los «cocodrilos feroces», obra del artista Jean-François Gavoty, que también ha dejado su huella en la barrera con cabezas de perros de la calle Cuire y en los curiosos zapatos que habitan el marco de algunas ventanas. El cuarto espacio, en el sector norte, es el más expuesto al sol y alberga una huerta con manzanos, higueras, cerezos silvestres, ruibarbos y acantos.

Las dos pérgolas metálicas que enmarcan las vistas indican las salidas del aparcamiento y sirven de soporte a lúpulos, madreselvas y kiwis. El alumbrado escenográfico, concebido por Agathe Argot, potencia el espíritu del área. Una línea de pequeñas luces rojas acopladas al suelo marca los límites anteriores del jardín, mientras otras que visten y juegan con los surtidores dan un tono festivo al contexto nocturno.

Before the Clos Carret Garden existed, the site at number 38 Rue de Cuire, with an area of some 40,000 sq ft, held a restaurant with a patio and pétanque court, as well as temporary car parking space. When the Urban Community of Lyon bought the site to build underground garages, it commissioned the Ilex studio to design a space that would blend in with the narrow gardens that verged on the facades of the adjacent buildings.

This gave rise to a square comprising small overlapping areas, separated here and there by partially demolished walls, which contain vegetable gardens, flowers and small orchards, in the manner of neighborhood yards. Overall, there are four areas that are distinguished by their vegetation. The south frontage contains broadleaf perennials and hydrangeas providing shade. Next, a central plot with flowers is light and airy and enhances the view of one of the neighboring streets. The third element lies next to the orchard. It is a wide strip of rock with jets of water that ends at the "ferocious crocodiles" wall, the work of the artist Jean-François Gavoty, who has also left his mark on the barrier with dogs heads in the rue Cuire and the unusual shoes to be found in some of the window frames in this street. The fourth space, in the northern part, receives the most sun and contains an orchard with apple trees, fig trees, wild cherry trees, rhubarb and acanthus.

Two metal pergolas framing the views decorate the parking exits and are covered with hops, honeysuckle and kiwi fruit. The scenic lighting, designed by Agathe Argot, enhances the spirit of the site. A line of small red lights at ground level marks the front edges of the garden, while others dance in the fountains, giving a festive tone to the nightscape.

Las flores y las frutas que varían con las estaciones otorgan al jardín un paisaje en permanente cambio.

Flowers and fruits give to the garden a changing landscape between seasons.

Planta / Plan

PARQUE DEL AGUA

Bucaramanga, COL

ARCHITECT: **LORENZO CASTRO**

photo: G. Quintero, S. García, A.M. Pradilla y L. Castro

Desde sus inicios en la década de 1930, la planta de tratamiento de agua Los Tanques Morrorrico, además de prestar un servicio de abastecimiento de agua potable, fue un polo de atracción para los habitantes de Bucaramanga, en el norte de Colombia, que usaban estas instalaciones de forma espontánea como lugar de recreo.

Since its beginnings in the 1930's, the water treatment plant "the Morrorrico tanks" was the center of attraction for the inhabitants of Bucaramanga, in the north of Colombia. As well as providing for the population in terms of drinking water it was used as a recreational area for the locals.

Este uso se institucionalizó y durante mucho tiempo los ciudadanos pudieron acceder libremente al recinto, donde coexistían ambas funciones. Hace aproximadamente veinte años, la compañía decidió cerrarlo al público. A partir de ese momento la planta se convirtió en una zona aislada de la ciudad, que poco a poco se fue deteriorando. La Compañía del Acueducto Metropolitano de Bucaramanga decidió reabrirlo al público e integrar nuevamente el recinto en el tejido urbano de la ciudad mediante un proyecto que rescatara la historia y subrayara las virtudes del lugar. La intervención parte de una geometría estricta, de formas ortogonales, que acompaña a la geometría de los edificios existentes y se suaviza con la topografía del terreno. El contraste resultante de esta superposición de elementos permite crear un paisaje nuevo, que complementa el existente e invita a los habitantes de la ciudad a volver a utilizarlo como lugar de recreo.

This use was institutionalized and people were free to use the area for many years where both functions co existed. About twenty years ago the company decided to close it to the public. From that day on the plant was converted into an isolated zone of the town which deteriorated gradually. The company of the Bucaramanga Metropolitan Aqueduct decided to reopen the complex to the public and integrate the area once more into the urban web by way of a project which would rescue its history and highlight the positive aspects of the place. The intervention consisted of a strict orthogonal geometry to complement the geometry of the existing buildings and which is softened by the lie of the land. The resulting contrast of this building up of elements creates a new landscape which enhances the existing and invites the inhabitants of the town to come and use the area once more for recreation.

El agua determina el carácter de los recorridos y de los diferentes espacios dentro del recinto del parque, ya sea en forma de fuentes, cascadas, chorros, hilos o estanques.

Water determines the character of the walkways and of the different spaces within the area of the park in the form of fountains, waterfalls, jets of water, trickles or ponds.

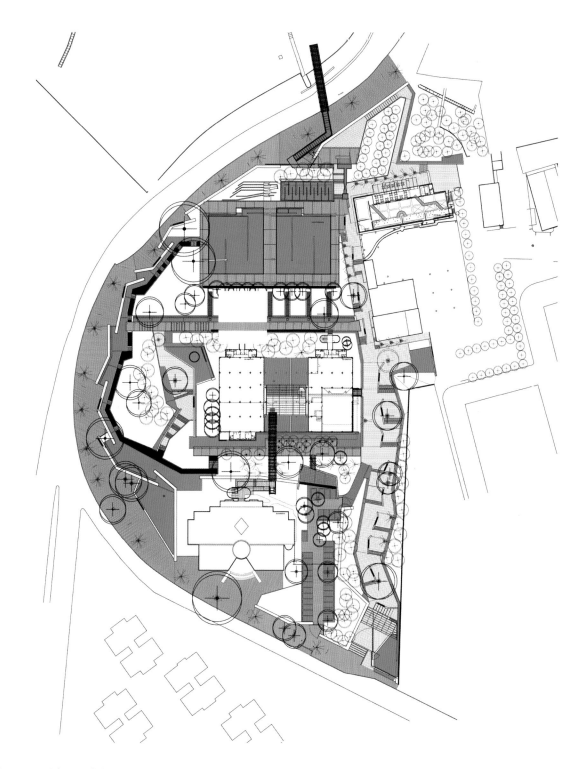

Plano general / General plan

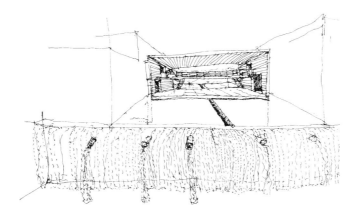

Boceto / Sketch

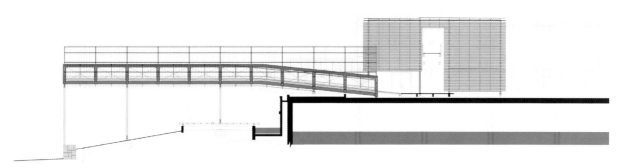

Sección / Section

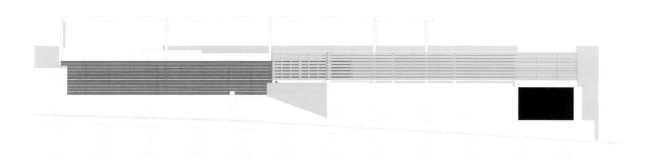

Elevación / Elevation

SCHLOSSPARK

Wolfsburg, GER

ARCHITECT: **TOPOTEK 1**

photo: **Studio Hanns Joosten**

El 2004 Wolfsburg State Horticultural Show era la oportunidad perfecta para restaurar y ampliar el paisaje de jardín histórico. Manteniendo los principios del jardín inglés tradicional, la puesta en escena del Parque del castillo de Wolfsburg (Schlosspark) se inspiró en el movimiento de secuencias conmovedoras del séptimo arte, el cine.

The 2004 Wolfsburg State Horticultural Show was the perfect opportunity to restore and extend the historical landscape garden. Maintaining the principles of the traditional English landscape garden, the mise-en-scene of Wolfsburg Castle Park (Schlosspark) was inspired by the moving sequence of the seventh art, film.

Estas secuencias conmovedoras son creadas por el propio espectador a través de una selección de espacios nuevos y escenas diferenciadas. Los jardines circulares son la innovación más pintoresca del parque. Delimitados por estructuras de acero pulido, Sculpture Garden, Rose Garden y Forest Garden son interpretaciones contemporáneas de jardines de los siglos XVIII y XIX. Éstos ofrecen percepciones del espacio que cambian constantemente con una serie de ejes y conexiones visuales. El acero inoxidable refleja el elegante e histórico jardín y las miles de rosas del Rose Garden. Las aperturas en forma de periscopio invitan a los visitantes a examinar el Sculpture Garden. Mediante un puente peatonal, puede accederse a una pradera que se encuentra protegida dentro del jardín, y una nueva ruta circular que perfila el parque conduce hasta el río Aller.

El color verde de la vegetación y los tonos rojos, que van desde el rosa claro hasta rojo tierra, unifican todos los elementos del parque integrándolos en el paisaje.

Moving sequences are created by the viewers themselves with an array of new spaces and discrete scenes. The circular gardens are the park's major scenic innovation. Mounted in polished steel, Sculpture Garden, Rose Garden and Forest Garden are contemporary interpretations of the eighteenth- and nineteenth century landscape gardens. They offer constantly changing perceptions of space with a number of visual axes and connections. The stainless steel reflects the elegant historical garden, while its fragmented state reflects the thousand vanities of the Rose Garden and the periscope-like openings invite visitors to look inside the Sculpture Garden. Additionally, an environmentally sensitive meadow is protected within the garden and accessed by a wooden footbridge and a new circular route outlining the park leads to the Aller river.

The park's individual elements are integrated by red tones, from light pink to earthy red, and the natural vegetative green.

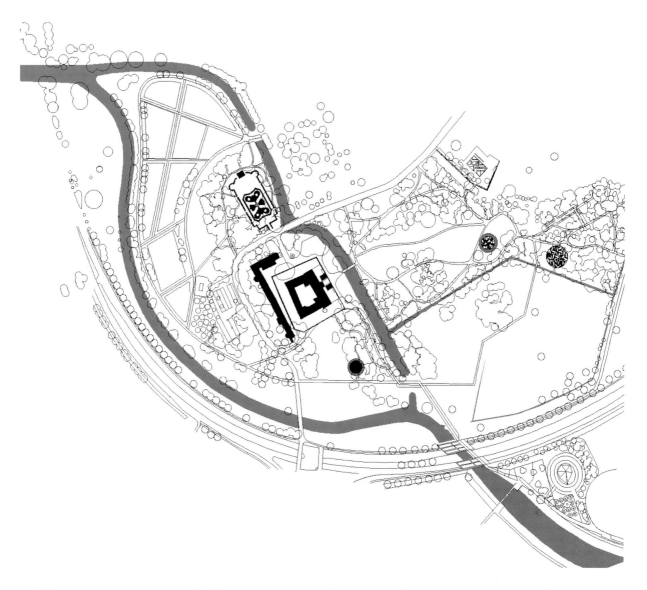

Se añadieron espacios nuevos y escencarios diferenciados, y un puente peatonal de madera conduce a una pradera.

New spaces and discreet scenes were added to Wolfsburg Castle Park. A wooden footbridge leads to an environmentally sensitive meadow.

El 2004 Wolfsburg State Horticultural Show era la oportunidad perfecta para restaurar el Parque del Castillo de Wolfsburg.

The 2004 Wolfsburg State Horticultural Show was the perfect opportunity to restore Wolfsburg Castle Park.

Se pintaron de rosa las vallas del prado donde pastan los caballos para que hicieran juego con el colorido patio de recreo adyacente.

The horse paddock's fences were painted pink to match the nearby temporary colorful playground.

ONE-NORTH PARK

Singapur, SIN

ARCHITECT: **WEST 8**

photo: West 8

Situado en el eje central de un ambicioso plan de desarrollo urbanístico, el One-North Park recupera el concepto de ciudad jardín para Singapur y es, por su diseño, un punto de referencia en la isla.

Situated at the hub of an ambitious urban development plan, One-North Park has reclaimed the concept of the garden city for Singapore and is now a landmark on the island for its design.

El proyecto de desarrollo urbanístico del área de One-North abarca unas 200 hectáreas y está previsto que se complete en un plazo de 15 a 20 años. El plan maestro, concebido por el estudio de Zaha Hadid, consiste en una vibrante mezcla de espacios comerciales, académicos, residenciales y recreativos en la que tiene un papel protagonista la tecnología. Así, el parque, eje vertebral y pulmón verde de esta estructura urbana, es un espacio wireless, que permite conectarse a internet desde cualquier punto de sus 16 hectáreas.

Visto desde los edificios adyacentes, tiene la forma de una franja serpenteante con un estimulante cuadro de colores. Su topografía irregular se revela a los peatones y ciclistas en pequeñas sorpresas que les esperan a lo largo de los caminos. Las escaleras mecánicas cubiertas y los travelators en zonas estratégicas hacen menos agobiante el ascenso a los puntos altos del terreno cuando hace mucho calor.

Una explanada pavimentada con tramos en madera, grava y árido actúa de paseo central, ininterrumpido gracias a los puentes. Flanqueado por flores autóctonas de colores saturados, el camino lleva hacia saltos de agua escalonados y originales fuentes ornamentales. Una de ellas es el colchón de agua: una instalación de 140 metros de largo, en la ladera de una colina, con cientos de chorros que producen la impresión de que el agua trepa por la cuesta.

El elemento botánico más relevante es la trama que definen los arriates de sanseverias. Estos dibujos se repiten por toda la superficie del parque y funcionan como un sello de identidad que se reproduce en la estructura de los bancos. La vegetación autóctona se ve potenciada y reagrupada en diferentes y coloridos escenarios, como el bosque de ficus, el valle de plumerias o la loma de buganvilias.

The One-North area urban development project takes in some 500 acres and is set to be completed within 15 to 20 years. The draft plan, drawn up by the Zaha Hadid studio, comprises a dynamic mixture of commercial, academic, residential and recreational spaces in which technology plays a leading role. For example, the park, the backbone and lungs of this urban structure, is a wi-fi zone, enabling connection to the Internet anywhere within its 40 acres.

Viewed from the adjacent buildings, it has a meandering ribbon shape with a stimulating selection of colors. Its irregular topography is revealed to pedestrians and cyclists with unexpected little marvels that await them along the way. The covered escalators and travelators in strategic areas ease the climb to higher points of the area in hot weather.

An esplanade with separate sections paved in timber, gravel and aggregate acts as a central walkway, uninterrupted thanks to the bridges. Flanked by native flowers with intense colors, the walkway leads to staggered cascades and original ornamental fountains. One of these is the water cushion: an installation measuring 460 feet long on the side of a hill, with hundreds of jets of water that give the impression that the water is going up the slope.

The major botanical feature is the stretch given over to sansevieria beds. These patterns are repeated all over the park and act as a trademark device that is reproduced in the structure of the benches. The native vegetation is enhanced and grouped together in various colorful settings, such as the ficus forest, the frangipani valley and the bougainvillea hill.

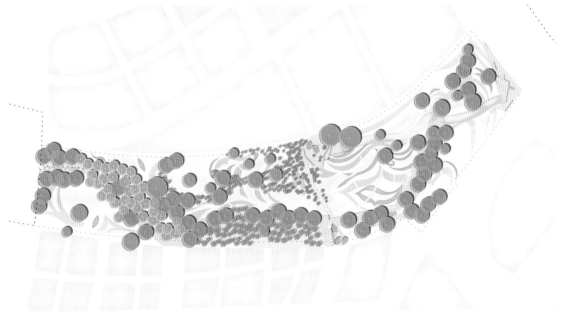

Plano de situación / Sitemap plan

Localización / Location map

Gracias a su emplazamiento estratégico, el parque pone en contacto a los peatones con diferentes puntos de la ciudad y cruza las principales vías de tráfico.

Thanks to its strategic location, the park gives pedestrians access to various points in the city and crosses the main traffic arteries.